H. Cremer, A. Schlatter

Beiträge zur Förderung christlicher Theologie

Erstes Heft.: Der Dienst des Christen in der älteren Dogmatik

H. Cremer, A. Schlatter

Beiträge zur Förderung christlicher Theologie
Erstes Heft.: Der Dienst des Christen in der älteren Dogmatik

ISBN/EAN: 9783743482227

Hergestellt in Europa, USA, Kanada, Australien, Japan

Cover: Foto ©Lupo / pixelio.de

Manufactured and distributed by brebook publishing software (www.brebook.com)

H. Cremer, A. Schlatter

Beiträge zur Förderung christlicher Theologie

Beiträge
zur
Förderung christlicher Theologie.

Herausgegeben von

D. A. Schlatter, und D. H. Cremer,
Prof. in Berlin. Prof. in Greifswald.

Erster Jahrgang 1897.

Erstes Heft:
Der Dienst des Christen in der älteren Dogmatik.
Von D. A. Schlatter.

Gütersloh.
Druck und Verlag von C. Bertelsmann.
1897.

Vorwort.

Es gilt uns als eine gnädige Gabe Gottes, daß sowohl im Kreise derer, die das akademische Lehramt verwalten, als auch sonst in der Kirche der Sinn, der nach Erkenntnis des göttlichen Worts verlangt und damit die höchste wissenschaftliche Arbeit anfaßt, mit zunehmendem Ernst und wachsender Freudigkeit sich zeigt. Diesem Verlangen wollen diese Hefte dienen, zu deren Begründung die Herausgeber schon seit längerer Zeit vielfach aufgefordert worden sind. Sie sind bestimmt, wissenschaftliche Arbeiten, sei es mit systematischer, sei es mit historischer Richtung, für welche die Buchform weniger geeignet ist, die aber ein Anrecht auf bleibende Beachtung haben und deshalb nicht der Tagespresse preisgegeben werden sollen, zu sammeln. Da die mitwirkenden Männer den Gang ihrer Arbeit nicht nach einem äußerlichen Schema regeln können, folgen die Hefte einander zwar zu Jahrgängen geordnet, im übrigen jedoch in zwangloser Reihe und sind einzeln käuflich. Größere Arbeiten werden nicht zerlegt, sondern erscheinen als selbständiges Ganzes; kleinere Arbeiten, Mitteilungen, Kritiken 2c. werden die Herausgeber mit verwandten Stoffen zusammen ordnen.

Wer unser Richtzeichen: „christliche Theologie" als Polemik verstehen will und sich dadurch verletzt fühlt, daß uns dies als der fundamentale Unterschied zwischen den theologischen Gedankenreihen gilt, ob sie den uns zum Heiland gegebenen Sohn Gottes verneinen oder nicht, dem können wir es nicht wehren. Wir unsrerseits beabsichtigen mit dem Titel und den Heften keine andere Polemik als die, welche am Bekenntnis zu Christus unlöslich haftet. Wir wollen auch keineswegs in der Kirche Undankbarkeit gegen die oft wertvollen Beiträge pflanzen, die zum Verständnis der biblischen und kirchlichen Geschichte von andrer Seite fort und fort erarbeitet werden. Wohl aber gründet sich das Erscheinen dieser Hefte auf die Überzeugung, daß es ein unheilvoller Zustand wäre, wenn die Kirche zwar einerseits ihren Theologen für mancherlei historische Aufklärung zu danken hätte, gleichzeitig aber von ihnen in ihrer Existenz= bedingung, nämlich in ihrem auf Christus gegründeten Glaubensstand, nur bestritten und verwirrt, und nicht auch befestigt und gefördert würde. Deshalb bildet es das Ziel unsrer Arbeit und unsers Gebets, daß unsre evangelische Theologie christlich bleibe und, soweit sie dies nicht mehr ist, es wieder werde.

Schlatter. Cremer.

Der
Dienst des Christen

in der älteren Dogmatik.

Von

D. A. Schlatter,
Prof. in Berlin.

Gütersloh.
Druck und Verlag von C. Bertelsmann.

Inhalt.

	Seite
Erläuterung des Themas	1
1. Die Ablehnung der Missionspflicht	5
2. Die Abneigung gegen den Dienst in der Lehre und in der Zucht	8
3. Die passive Gemeinde	12
4. Die passive Belehrung	22
5. Die negative Fassung der Heiligung	36
6. Die Heiligung des Gedankenlaufs durch die Kenntnis der Bibel	46
7. Die unsicheren Aussagen über die Liebe Gottes	53
8. Die negative Definition der Freiheit	61
9. Die passiv machende Inspiration	64
10. Die passive Menschheit Jesu	66
11. Konflikte mit der Schrift	69
12. Andeutungen zum geschichtlichen Verständnis der besprochenen Erscheinungen	75
Epilog	81

Erläuterung des Themas.

Daß in der Lehrbildung, die aus den Reformationsjahren erwachsen ist, ein reiches Stück des Evangeliums in eine klar durchdachte, darum auch praktisch verwendbare Gestaltung gebracht ist, erleben wir alle, Theologen oder Laien, jeder, der wenigstens mit den Elementen der Bibel einigermaßen vertraut ist, an der Förderung, die wir durch dieselbe immer neu in unserm Glaubensstand empfangen. Aber auch der andere Eindruck wird nie fehlen, daß zwischen jener Lehrbildung und unserm gegenwärtigen christlichen Wissen Differenzen entstanden sind. Die Beobachtung und das Verständnis dieser Wandlungen ist eine der großen Aufgaben unserer historischen Theologie. Es haftet an diesen Bewegungen im Gottes- und Christusbild ein ähnliches wissenschaftliches Interesse, wie an den früheren Vorgängen ähnlicher Art, z. B. am Werden der synagogalen Theologie in den beiden vorchristlichen Jahrhunderten oder an der Erzeugung der griechisch-christlichen Theologie in der patristischen Zeit. Ich brauche nicht auszuführen, wie unmittelbar hier die Beziehungen sind, welche der historische Einblick in die Vergangenheit zu unserer eigenen Geschichte gewinnt. Kämen wir darüber nach und nach in der Kirche zum Einverständnis, was der älteren Lehrbildung fehlt, in welcher Beziehung sie sich erneuert hat und weiterhin erneuern muß, so wäre dies kein kleiner Gewinn.

Zunächst wird sich der Blick auf die Form der Gedankenbildung richten. Während uns der Wert der Induktion deutlich ist und die Beobachtung als das gilt, was Erkenntnis schafft, handhaben die Alten nach Anleitung der aristotelischen Logik die Definitionsmethode, stellen durch dieselbe allgemeine Begriffe her und verwerten diese im Schlußverfahren, da sie den Syllogismus als den Vorgang schätzen, der die Erkenntnis erzeuge, somit auch den Beweis leiste. Die Art ihrer Logik bedingt auch ihre Psychologie, die mit den vielen Eigenschaften und Vermögen der Seelensubstanz, ebenso der Gottessubstanz operiert, während wir diese halb hypostasierten und personifizierten Abstraktionen scheuen und die Aufmerksamkeit auch bei der Betrachtung des inwendigen Lebens bei dem festhalten, was geschieht. So tief es eingreift, daß wir das, was unsere Alten in ihrer Logik und Psychologie dachten, nun in unserer Weise sagen müssen: die Distanz, in der die heutige Kirche von ihnen steht, geht dennoch nicht in einer veränderten Form der Gedankenbildung auf, und ist darum nicht nur aus der allgemeinen Geschichte der Wissenschaft zu verstehen.

Am Inhalt des Dogmas heben sich zunächst die berühmten Streitpunkte hervor, um welche sich der Angriff und die Verteidigung nun während zweier Jahrhunderte hin und her bewegt haben. Die Theorien der Alten über die Bibel und die Grundsätze, nach denen sie die biblischen Worte anwenden, kümmern sich nicht um die Geschichte, durch welche die Bibel entstanden ist. Ihre Formeln über die Gottheit und die erlösende That Jesu lassen sich zum Inhalt seines irdischen Lebens nur schwer in Beziehung setzen. Unsern Eintritt aus dem natürlichen in den christlichen Stand beschreiben sie als ein Leiden, das durch ein Wunder Gottes über uns komme, da jener von diesem schlechthin abgesondert sei. Von der Aufklärungszeit her wird die Bewegung, in der sich das Dogma befindet, heute noch gern unter dem Gesichtspunkt angeschaut, daß ein überliefertes Erbe dunkler Vorstellungen durch unsern wachsenden intellektuellen Erwerb allmählich abgestoßen werde; das Dogma habe übertrieben; man müsse es reduzieren und es verständig machen. Diese Beurteilung der Geschichte ist im Gang unserer Christenheit eine Macht geworden; sie konnte und kann nur lähmend und erkältend wirken. Dieser Theorie erscheinen die Alten als „zu gläubig", da sie in ihren Sätzen über die Bibel, über Christus, über die Bekehrung u. s. w. zu viel von Gott aussagen, sein Wirken sich als größer, mächtiger, erkennbarer denken, als es der Wirklichkeit entspreche. In der Furcht, die Kirche sei zu gläubig gewesen, liegt ein Bruch des Vertrauens; damit ist der Argwohn gepflanzt, der den Glaubensstand zerfrißt und das halbe Herz erzeugt, an dem vieles in unserer Kirche krankt.

Es verhält sich umgekehrt: durch das, was die Kirche seit dem Ende der orthodoxen Zeit erlebt hat, ist uns eine reichere vollere Erfassung der göttlichen Gnade, somit ein Fortschritt im Glaubensstand gegeben worden, der auch in der Lehrbildung klar und konsequent festgehalten werden muß.

Kann es denn noch einen Fortschritt geben über den Glaubensstand der Reformationspredigt, welche Gerechtigkeit, Kindschaft Gottes, ewiges Leben durch Christus als uns gegeben bejaht? Jedes echte Glauben ist in dieser Art vollkommen, ein Ganzes, weil es eine geschlossene und gewisse Bejahung Gottes und seiner vollkommenen Gnade ist; es empfängt aber stets seine Begrenzung durch das Ziel, auf welches der glaubende Blick gerichtet ist, und nur innerhalb dieser Begrenzung ist es vollkommen. Der Glaube erhält im Verlauf unserer Lebensgeschichte seine Fassung und Gestaltung durch die bestimmten Anliegen, in welchen wir auf Gottes Gnade sehen. Indem wir sie da, wo unser Wahrnehmen und Verlangen zu ihr Beziehungen gewinnt, bejahen, ist unser Glauben vollkommen, etwas Ganzes, und doch damit keineswegs der Fähigkeit beraubt, zu wachsen, dadurch nämlich, daß uns ein neues, reicheres göttliches Geben sichtbar wird. Das Anliegen, mit welchem die Reformationspredigt beschäftigt war, ist aber ausschließlich das eine: wie wir Gottes Gnade empfangen und in den Gnadenstand eintreten. Darauf giebt der alte Lehrgang Antwort; er ist eine am göttlichen Wort gewonnene und mit tiefem Ernst im eigenen Leben erprobte Anweisung zum Empfang der göttlichen Gnade.

Geben ist seliger, als nehmen, und Dienst das Ziel der Gnade. Dieses Axiom Jesu kommt zu um so höherer Anwendung, je größer das ist, was wir empfangen haben und darum gebend verwerten dürfen. Auch das höchste Nehmen, durch welches das göttliche Leben unser Eigentum wird, hat ein ihm entsprechendes Geben zur Seite. Auch jenes Haben, welches uns durch den Eingang in den Gnadenstand zufällt, erhält sich nur im fruchtbaren Gebrauch dessen, was wir haben. Hier war der alten Dogmatik eine Grenze gesetzt, ihr selbst nicht wahrnehmbar und faßlich, wie alles, was uns beherrscht. Sie war nicht im selben Sinne, wie sie Anleitung zum Empfang der göttlichen Gabe ist, auch Anweisung dazu, daß wir Gott geben, was Gottes ist. Fassen wir alles, was wir Gott zu geben haben, alle Verwertung der empfangenen Gnade zu neuer Frucht, in den Begriff: „Dienst Gottes" zusammen, so läßt sich sagen: daß in den älteren Formeln die Lehre vom Dienste Gottes nicht zu heller Durchbildung gekommen ist.

Der Blick auf Gott und seine Gnade wirkt auf unser Wollen gleichzeitig sowohl beruhigend als bewegend, beruhigend, das Streben stillend, weil in Gottes Gnade, Gabe und That alles liegt, was wir bedürfen und wir im Glauben dies alles für uns wirksam wissen, gleichzeitig aber auch bewegend, das Streben erregend, weil Gottes Gnade, Gabe und Werk unserm Willen das Ziel und die Kraft gewährt, in unser Leben einen Inhalt von unbegrenztem Wert legt und uns dadurch zur That befähigt. Daß uns der Glaube gleichzeitig und gleichmäßig beruhige und bewege, so daß er uns durch die Ruhe die Thatkraft, durch die Thatkraft die Ruhe gewähre und erhalte, darin steht die Gesundheit des Christenlebens. Daraus ergeben sich aber auch verschiedene Typen desselben, je nachdem der Glaube überwiegend als Ruhe, Trost und Friede in uns lebt, oder als Kraft schöpfender Akt unserm Wollen Ziele giebt und es in Spannung setzt.[1])

Die Gnade, auf die das Glauben schaut, bringt den Geber zum Empfänger. Wer sie verstehen will, muß den Blick auf beide richten. Es kommt nicht zum Glauben, wenn wir nicht den Geber wahrnehmen in der Herrlichkeit seines Liebens, in der Fülle seines Gebens. Wenn unser Blick jedoch nur auf dem Geber ruhte und auf der Kraft seiner schaffenden Güte, und der Empfänger uns als Null in den Schatten träte, würde sich unser Gedankengang mit dem Sinn der Gnade kreuzen. Denn ihr gilt ihr Empfänger nichts als Null; auf ihn zielt sie; ihn sucht und will sie; ihn bejaht sie und hebt ihn in die Lebendigkeit, Ehre und Kraft empor. Durch den Blick auf den Geber wirkt der Glaube als Quell der Ruhe, weil die Vollkommenheit seines Werkes alle unsere un-

---

[1]) Auch die Unterschiede zwischen den Wittenbergern und den schweizerischen Reformatoren fallen teilweise unter diesen Gesichtspunkt, ebenso die nicht ganz gleichförmige Haltung der beiden evangelischen Kirchen. Verglichen mit den Unterschieden, welche der Geschichtslauf seither erzeugt hat, sind aber die beiden Gruppen von Dogmatikern Vertreter eines und desselben Glaubensstandes. Weil sich in den reformierten Kirchen die größere Energie des Denkens und Handelns findet, sind die reformierten Lehrer für diese Untersuchung die klassischeren Zeugen.

ruhigen Strebungen tilgt, während der Blick auf den Empfänger der Gnade, den sie in die Lebendigkeit und Thätigkeit versetzen will, erweckliche Kraft besitzt. Die ältere Lehrbildung erhält ihre Begrenzung dadurch, daß die Alten in ihrem Glauben überwiegend seine Ruhe schaffende Art pflegen; ihr Blick haftet am Geber der Gnade, an Christus, an Gott, an dem, was er für uns thut; das Bild des Empfängers bleibt undeutlicher.

Fassen wir die bewegende Kraft der Gnade ins Auge, unser Geben, zu dem uns unser Empfangen führt, den Dienst, zu dem sie uns befähigt und ermächtigt, so ist damit der Blick nicht von ihr abgewandt, vielmehr tiefer, voller in sie hineingesenkt. Meinten wir, mit dem Dienste Gottes nicht mehr innerhalb seiner Gnade zu stehn, so hätten wir weder, was Gnade, noch was Dienst Gottes ist, gefaßt. Der uns aufgegebene Dienst ist G n a d e, und das Geben ist der selige Stand. Darum kann auch, solange wir als die Gott Dienenden im Bereich der Gnade stehen, unser Dienst nie zu einer Schädigung des Glaubens führen, sondern macht ihn vollständig. Nicht darum handelt es sich, daß das Glauben durch eine andere Funktion ersetzt, überboten oder ergänzt werden müßte, sondern die Frage ist nur die, worauf der in unserm Glauben lebendige Wille ziele, was wir gläubig von Gott begehren, darum auch empfangen, ob sich das Verlangen unseres Glaubens darauf beschränke, daß Gott für uns handle, oder ob es auch unsern Dienst Gottes mitumfasse, und auch darauf ziele, daß Gott durch uns handle und wir für ihn. Nicht ein einzelnes neues Lehrstück kommt damit zu den übrigen hinzu, aber die ganze Auffassung unserer Beziehung zu Gott wird dadurch beeinflußt, ob unser Blick nur auf unser Empfangen, oder auch bewußt und klar auf unser Geben gerichtet ist.

Ich beginne den Beweis, daß wirklich der Gedankengang der Alten überwiegend durch die beruhigende Seite des Glaubens bestimmt ist, an einer Stelle, an der sich der Fortschritt im Glaubensstand in sichtbaren Ergebnissen deutlich macht.

1. Die Ablehnung der Missionspflicht.

Als die Konsequenz der reformatorischen Gnadenlehre zu einer bloß teilweisen Berufung in die Gnade zu führen schien, ist man im lutherischen Kreise vor derselben ernsthaft erschrocken.

Man empfand in ihr eine Gefährdung des Glaubens, da dieser keine Dualismen, keine gebrochenen und begrenzten Fassungen des göttlichen Vergebens und Liebens erträgt. Die Gewißheit der Gnade wird jedem erschwert, wenn sie nicht alle umfaßt, und da sich der konfessionelle Streit mit seiner Hitze an diese Frage heftete, war der Eifer für die jeden suchende Berufung im lutherischen Kreise stark. Die Thatsache ist jedoch offenkundig, daß derselbe für den der Kirche aufgegebenen Dienst unfruchtbar geblieben ist. Von Hutter an (loci, de lege naturae 3) wird bis ins achtzehnte Jahrhundert hinein immer wiederholt: es sind thatsächlich alle Menschen berufen worden, nicht nur in Adam und Noah, sondern auch durch die Apostel; denn was Jesus Matth. 28, 19 befohlen hat, haben sie auch gethan und das Evangelium allen Völkern gebracht: „das Evangelium ist gepredigt in der ganzen Schöpfung, die unter dem Himmel ist," Kol. 1, 23. Das haben wir zu glauben.[1]) Daß sich die Aufgabe der Kirche hiernach bestimme, und die universale Berufung der ihr aufgetragene Dienst sei, wird abgelehnt; man kehrt statt dessen, damit der Gnade Gottes nichts abgebrochen sei, die Schuld der Heiden hervor. Ihre Vorfahren haben die Predigt der Apostel verworfen; somit bleibe ihnen nach Gottes Gerechtigkeit das Evangelium entzogen. Zudem sei ein Gerücht von der Kirche weithin in der Welt verbreitet, welches die Heiden bewegen sollte, sich um das Evangelium zu bemühen. Sie sind somit nicht nur unwissend, sondern Verächter des göttlichen Wortes. Hülsemann z. B. malt es uns aus, wie jeder Heide sich bekehren könne. An der Natur könne er den Blick auf den einigen Gott gewinnen; dadurch sei er verpflichtet, sich um die verschiedenen Religionen zu bemühen. Forsche er ernsthaft, so sei es ganz unmöglich, daß er nicht einigen Bericht über das Christentum erhalte. Gottes Wort behält aber seine Gnadenkraft unvermindert, auch wenn es ihm ein Türke oder Katholik mitteilt, disputatio solemnis et altera de indebita et universali conversionis gratia. 19, 5. Mit der Erwägung dieser „Möglichkeiten" macht er sich gegen den wirklichen Stand der Dinge blind. Das Ergebnis ist stets dies: „Die Heiden

---

[1]) Als Spannheim, Wendelin ꝛc. einwandten, Amerika sei ja erst lange nachher entdeckt worden, antwortete man, es müsse ein Apostel auch in Amerika gewesen sein. Quenstedt, de vocatione II, 2 ßeß. 7 u. ö.

haben den Entzug der Gnade Gottes und die Einstellung der gnädigen Berufung durch ihre Sünden verdient," Quenstedt, de vocatione II ἐκδίκησις 7.

Ein großer Teil unserer heutigen Gemeinde empfindet diesen Gedankengang als unbarmherzig; er wird es, weil er in Bezug auf diese bestimmte Frage glaubenslos ist. Was den Gedanken verhindert hat — die That hat selbstverständlich noch ihre besonderen Bedingungen, — daß die Kirche den andern Völkern zu dienen habe, liegt deutlich zu Tage. Die ganze Erörterung über die Allgemeinheit der Berufung will nur den eigenen Glaubensstand begründen, will nur uns selber ermöglichen, in das Evangelium, das der ganzen Welt bestimmt und gebracht ist, uns selber einzuschließen. Dazu genügt, daß Jesus seine Apostel zu allen Völkern gesandt und seine Gnade durch ihren Dienst allen kund gemacht hat. Dadurch ist uns dieselbe erwiesen; wir haben sie, wir dürfen glauben — weiter reichte das Denken und Wollen der Alten nicht.[1])

Die Preisgabe des Dienstes wirkt aber immer schwächend auf den Glaubensstand zurück. So kam der ganze Begriff der Berufung in Gefahr, der Vergangenheit anheimzufallen und nur noch eine rückwärts schauende Bedeutung zu behalten. Als erste Anbietung der Gnade hat sie für die in die Kirche Hineingeborenen und sofort Getauften keinen rechten Sinn mehr, weshalb die Späteren, Neumann (disp. de nexu et discrimine donorum gratiae 1699), Hollaz (III. 1. 4. qu. 1) ꝛc., sagen: sie richte sich an diejenigen, die sich jenseits der Kirche befinden, um sie zur Kirche herzubringen. Da es aber damals jenseits der Kirche keine Verkündigung des Wortes gab, ist die Berufung wohl etwas Geschehenes, von den Aposteln Vollbrachtes und uns zu gute Kommendes, aber nicht mehr ein gegenwärtiges göttliches Handeln, das auch wir erlebten.[2]) Das war nicht mehr das,

---

[1]) Balius, Pastor in Magdeburg, Auslegung des Evangeliums Septuag. I, 445: Wenn jemand einwendet, die Türken und Tataren seien doch nicht berufen, dann antworte: was habe ich die zu richten, die draußen sind? Es genügt, daß ich weiß, daß ich in den Weinberg berufen bin. Sicherlich sind die Türken auch in ihren Vorfahren berufen worden, aber weil sie das Wort der Berufung verworfen haben, deshalb büßen die gottlosen Nachkommen mit Recht die Schuld der gottlosen Vorfahren.

[2]) Neumann l. c.: quod vero illos attinet, qui in ecclesia jam sunt, proprie loquendo non vocari aut colligi ad ecclesiam, sed iterata verbi

was Luther gemeint hat mit dem Wort: daß der heilige Geist die Kirche berufe und sammle. Man ruht in der großen That der göttlichen Gnade, die alle Völker durch das Evangelium berufen hat, aus, ohne daß man dieser Gabe für die Gegenwart und für die eigene That ein Ziel entnimmt.

Innerhalb seiner Begrenzung erweist sich der Glaubensstand der Alten auch hier als kräftig und gesund, dadurch, daß sie das Glaubensmotiv nicht in dem, was die Kirche thut oder thun soll, suchen, sondern sich auf das gründen, was Christus der Welt durch seine Jünger gab. Doch wird der Sinn der Gnade nur unvollständig erfaßt. Denn der Blick geht bloß auf den Geber der universalen Berufung, nicht aber auf das, was aus den Empfängern derselben geworden ist. Daß der Heide jetzt das Evangelium entbehrt, bleibt für diesen Gedankengang bedeutungslos.

Wir wenden uns zu der Frage, wie denen zu dienen ist, die in der Kirche stehen.

2. Die Abneigung gegen den Dienst in der Lehre und in der Zucht.

Die eine Seite des kirchlichen Dienstes besteht darin, den Blick auf Gott und Christus im Menschen zu erwecken und die mannigfaltigen Gebilde seines Gedankenlaufes mit demselben zu durchleuchten. Alles Geben beruht aber auf der Wahrnehmung des Bedürfnisses, darum alles Lehren auf dem Durchblick durch die Gnadengestalt, die berichtigt oder erweitert werden soll. Der Dienst in der Lehre läßt sich darum nicht beginnen ohne das Verständnis und ohne die Geduld für die Verschiedenheiten, in die sich unser Erkenntnisbesitz auseinander legt. Die Alten überwältigt aber bei jedem fremdartigen Gedanken die Empfindung, daß er ihren Glaubensstand angreife, und darum mit allen Mitteln der Polemik und Gewalt abzuwehren sei. Für die Reformationsjahre müssen wir die Größe der Aufgabe im Auge behalten, aus der zerstörten alten Kirche wieder eine einheitliche Kirche mit einem gemeinsamen Besitz fester Überzeugungen zu

---

annunciatione doceri ac erudiri ad salutem dicuntur. Die Kirche „beruft" nicht mehr, sondern sie „belehrt und unterrichtet"; beachte den Übergang in die rationale Haltung.

bilden und die Gefahr enbloser Zersplitterung abzuwehren. Im Gedränge des Kampfes galt es, was man selbst am göttlichen Wort gelernt hatte, zu schirmen und zur Geltung zu bringen; darum griff man nach jener Polemik, die den störenden Gegner lediglich zu vernichten sucht. Die Alten kamen aber aus dieser Stimmung, die nur auf den eigenen Glaubensstand sieht und ihn verteidigen will, nie mehr heraus.

Da, wo Calvin verneint, daß die kirchliche Gemeinschaft die vollständige Uniformität der Lehre voraussetze, weil „sich um jeden irgend ein Wölflein der Unwissenheit legt," giebt er als Beispiel erträglicher Unterschiede dies: Die einen sagen, daß die Seelen aus dem Leib in den Himmel gehn, die andern ohne Angabe über den Ort nur dies, daß sie dem Herrn leben, instit. 4, 1, 12. Er nimmt somit sein Beispiel aus einem Bereich, der überhaupt für alle vom Geheimnis bedeckt ist, wo weder hier noch dort von einem Glauben, der Gewißheit wäre, gesprochen werden kann. So wie aber ein Satz in Frage steht, der als Glaube den Gedanken- und Willenslauf bestimmt, kommt es weder zum Lernen noch zum Lehren, sondern nur zum Kampf, damit der der eigene Glaubensstand erhalten sei.[1]

Darum ist die Lehrbildung, so redlich es die Alten mit ihrer Schätzung des göttlichen Wortes meinten, dennoch nie gegen den polemischen Antrieb selbständig geworden. Sie entsteht nicht frei aus ihrem Gegenstand heraus, sondern bleibt das Kind des Kampfes, mit dem man sich von der alten Kirche losgerungen hat. Damit war unvermeidlich gegeben, daß sie sich nicht in aufsteigender Richtung bewegte, an Klarheit und Kraft zunehmend, sondern abnehmend, da ja mit jeder neuen Generation die Abwehr der katholischen Frömmigkeit und Theologie an Wichtigkeit verlor, und die scheinbar auffallende Macht, die Cartesius und Leibniz über die Theologie gewonnen haben, beruht darauf, daß man dankbar von ihnen einen neuen Antrieb anstatt des erschöpften polemischen Motivs empfing. Damit wurde aber offenbar, daß der aus dem Blick aus Gott und aus der Schrift geschöpfte

---

[1] Unter der Masse von polemischen Schriften, welche die norddeutschen Fakultäten hervorgebracht haben, existiert schwerlich ein einziges Buch, das redlich den Willen gehabt hätte, zu den Katholiken zu sprechen und von ihnen gelesen zu werden. Der Polemiker spricht nur für sich selbst und für den Polemiker im andern Lager, den er niederwerfen will.

Impuls nicht so kräftig war, daß er den Alten eine lebendig fortstrebende Theologie verschafft hätte.

Nie wurde das Merkmal der Kirche nur in den Besitz der christlichen Wahrheit, sondern immer auch in den christlichen Wandel gesetzt; doch seien die Mängel im Wandel für die Kirche erträglicher als die Mängel in der Lehre.[1]) Der Grund, der sie dem Bösen gegenüber beruhigte, bestand darin, daß nicht die Sünde, wohl aber der Irrtum, unmittelbar den Glauben verderbe. Mit diesem Satze, der für die Geschichte der Kirche sehr bedeutungsvoll geworden ist, hat man sich die Einsicht, daß auch die Sünde das Glauben zerstört, zwar geschwächt, hat sie aber nicht erstickt.

Vielmehr halten auch die Alten daran fest, daß es zum Beruf der Kirche gehöre, dem in ihrer Mitte auftretenden Bösen zu widerstehen. Die mächtigen Zuchtmittel der älteren Zeit, Beichte, Satisfaktionen und Anathem, durfte man in der alten unsauberen Weise nicht mehr fortsetzen. Die Versuche, sie durch neue Bildungen zu ersetzen, waren zahlreich und mannigfach. Im wesentlichen war ihr Ergebnis doch nur dies, daß sie durch die staatliche oder eine ihr analog funktionierende Strafgewalt ersetzt wurden.[2])

Es war innerhalb seiner Begrenzung ein großer und wertvoller Gedanke, den Zwingli teilweise im Gegensatz zu seinen nächsten Mitarbeitern vertrat, daß das Mittel, durch welches das Böse in der Kirche unterdrückt werde, das obrigkeitliche Strafamt sei, so daß die Kirche nichts anderes bedürfe, als eine ernst gehandhabte Justiz. Damit war, was Paulus Röm. 13 sagt, erneuert und auf die „christliche Obrigkeit" angewandt. Der Streit, in welchem das zum Staat geordnete Volkstum gegen das Böse

---

[1]) Calvin, instit. 4, 1, 13: in vitae imperfectione toleranda multo longius procedere indulgentia nostra debet. Angewandt auf die Geistlichen, Hutter, comp. 16, 6: licetne uti ministerio, quod per malos ministros dispensatur? Ja, sofern von denen die Rede ist, quorum mores quidem vitiosi sunt et quorum vita scelere aliquo aut flagitiis contaminata est, doctrina autem falsitati aut corruptelae nulli obnoxia. Die falsi doctores dagegen müssen gemieden werden.

[2]) Daß die als Gemeinden organisierten „Kirchen unter dem Kreuz" auch in der gemeinsamen Abwehr der Sünde in ihrer Mitte Bewunderungswürdiges leisten, ist bekannt.

steht, ist etwas Heiliges und steht in festem Zusammenhang mit dem im Menschen lebendigen Gottesbild. Ein Wissen um Gott und Gottes Willen leitet die rechtlich geordnete Volksjustiz. Wenn aber Paulus die Handhabung des Schwertes gegen die Bösen für einen Dienst Gottes erklärt, giebt er auch die Grenze desselben an: die Obrigkeit dient dadurch dem Zorn, ἔκδικος εἰς ὀργήν, nicht der Gnade. Die Entbehrung und Vernichtung des Schuldigen durch das staatliche Strafamt heilt das Böse nicht, ist Ausübung der Herrschaft, nicht ein Dienst, dem Schuldigen gethan. Die Kirche hat dagegen auch in ihrer Zuchtübung der Gnade zu dienen, wie dies auch das frühere Pönitenzwesen in seiner Art stets festgehalten und Calvin gegen die deutschen Schweizer mit Recht hervorgehoben hat.

Indem die Kirche gegen die Gefallenen die Staatsjustiz anrief, leistet sie, wie auf die Irrenden, so auf die Gefallenen Verzicht. Es bleibt auch im Kampf mit der Sünde bei derselben bloß abwehrenden Tendenz, wie im Kampf mit dem Irrtum. Das Ziel gilt für erreicht, wenn der eigene Glaubensstand gesichert und das ihn gefährdende Ärgernis so weit als möglich beseitigt ist. Wie die Alten vor der Lehraufgabe der Kirche, die mit ihrer Wahrheit auch denen, die sie entbehren, zu dienen hat, zurückweichen, so stellt sich ihnen auch die nicht minder große Aufgabe der Hülfeleistung an die moralisch Gefährdeten nur undeutlich dar. Auch an dieser Stelle hat der Fortschritt im Glaubensstand greifbare Ergebnisse gezeitigt; denn wir haben heute wenigstens Anfänge „innerer Mission", die den Gefallenen dient.

Gegen den Schluß der orthodoxen Zeit brach das Bewußtsein um den Mangel der Kirche in beiden Beziehungen mit großer Schärfe auf. Über die Leistungen der theologischen Fakultäten verbreitet sich das Urteil „Wortgezänk" auch in der theologischen Litteratur. Ich citiere nur den Satz des feinsinnigen und milden, selbst im akademischen Lehramt stehenden Werenfels, daß von den theologischen Fakultäten Gift in die Kirche gekommen sei.[1]) Und im Blick auf den sittlichen Stand der Kirche schrieb der schon stark rationale Osterwald seine Abhandlung des sources de la corruption, qui règne aujourd'hui parmi les chrétiens, in der Meinung, die evangelische Kirche „habe nur den Glauben und

---

[1]) Op. II, 18: a scholis nostris venenum in ecclesiam manavit.

den Kultus gewechselt; die Reformation der Sitten sei erst noch zu thun." Zu den Quellen, aus denen diese Verderbnis stamme, zählt er auch den gänzlichen Mangel der Zucht.

Die Pflege der Lehre und Buße in der Kirche ist durch die Bestimmungen über das Wesen der Kirche bedingt.

3. Die passive Gemeinde.

Aus dem Zusammenbruch der alten Kirche hob sich fest und groß der Satz empor: Kirche ist überall da, wo Gottes Wort und Sakrament vorhanden sind. Die ganze Herrlichkeit des reformatorischen Glaubens leuchtet in ihm. Indem derselbe die Kirche sucht und sich ihr Wesen deutlich macht, geht sein Blick nicht auf die Christenheit und ihre Frömmigkeit; nicht dort finden sich die Kräfte, welche die Kirche schaffen. Was Christus gab, sein Wort und Sakrament, sind durch die ihnen selbst beiwohnende Gotteskraft das, was die Kirche zur Kirche macht. Durch diesen kraftvoll festgehaltenen Gedanken war für das Entstehen des Glaubens mitten in den Erschütterungen der Kirchentrennung gesorgt. Da der Gnadenstand und die Teilnahme an der Kirche sich nicht scheiden lassen, war für die von der alten Kirche Getrennten die Frage ernst: sind wir noch eine Kirche? Die freudige und gewisse Antwort besagt: wir sind es, denn wir haben Gottes Wort und Sakrament. Hieran zerfiel der Vorwurf der Häresie. Dadurch ist die Beschreibung der Kirche so gefaßt, wie sie unmittelbar dem Glaubensstande dient.

Auch dem Dienste Gottes war damit ein großes Ziel gewiesen. Da wir Gottes Wort besitzen, damit Glaube durch dasselbe entstehe, so haben wir uns unserm Beruf entzogen und uns versündigt, wenn Unglaube durch uns entsteht. Das damit unserm Blick erschlossene Ziel ist groß genug, um mit starker Spannung alle Kräfte jedes Einzelnen thätig zu machen. Auch die Alten sahen darin, daß Gottes Wort gesagt und das Sakrament gegeben werden muß, einen im Auftrag Gottes zu übenden Dienst begründet. Sie haben ihn mit ernstem Willen ergriffen und durch die Einsetzung des Pastorats zum Vollzug gebracht.

Darum, weil das kirchliche Amt Gottes Wort sagt und dadurch der Gnade Gottes dient, bleibt es auch in der reformatorischen Lehrbildung ein Beziehungspunkt des Glaubens, und es ist ergreifend, wie kraftvoll sich derselbe erhielt trotz der schweren Erschütterung, die das Vertrauen zur Kirche als dem Organ der göttlichen Gnade durch die Verdammung ihrer früheren Gestalt notwendig erlitt. „Ist es für den Christen genug, einmal von seinem Pastor unterrichtet zu sein, oder muß das ganze Leben in dieser Bahn bleiben? Anzufangen reicht nicht hin, es sei denn, man beharre. Denn wir müssen bis zum Ende oder vielmehr ohne Ende Christi Schüler sein. Er hat aber den Dienern der Kirche das Amt übertragen, uns **an seiner Statt und in seinem Namen zu lehren**" (Genfer Kat., Wort Gottes, Schluß). So haben auch die Späteren bei allem, was sie über das Werk der Gnade am Menschen sagen, das Pastorat vor Augen. Dem Worte Gottes, welches uns die Gnade bringt, geben sie gern das Merkmal: „sei es das gepredigte, sei es das gelesene;" d. h. sie denken sich die Leute entweder in der Kirche die Predigt hörend oder zu Hause die Bibel lesend. Nur dies, dies aber auch wirklich sind die Momente, wo Gottes Gnade sich wirksam macht. Wir verstehen die Alten nicht, wenn wir uns nicht gegenwärtig halten, daß nach ihrem Glaubensstand Gott durch den Pastor spricht.

Luther ist vielfach über diese Linie hinausgegangen in derjenigen Richtung, die der Satz über das Evangelium in den schmalkaldischen Artikeln (3, 4) fixiert: Gottes reiche Gnade kommt zu uns durch die öffentliche Predigt, Taufe, Abendmahl und Schlüsselgewalt, und durch die gegenseitige **Unterredung und Tröstung der Brüder**, mit Berufung auf Matth. 18, 20, auf die Verheißung der Gegenwart Christi bei zweien oder dreien, die in seinem Namen versammelt sind. Hier ist diejenige Dienstleistung, durch die wir das Wort gegenseitig einander darbieten, neben die Predigt und das Sakrament gesetzt als ein ihnen beigeordnetes Mittel, durch welches die göttliche Gnade uns widerfährt. Es bewährt sich auch hier Luthers Sinn für das Reelle, sein klarer Blick in den wirklichen Hergang der Geschichte. Er selber war ja auch nicht durch die öffentliche Predigt, noch durch Taufe und Messe, sondern neben und nach der Schrift durch die „Tröstung der Brüder" zu seinem Glaubensstand gelangt. So bedeutsam die Predigt den geistigen Besitz der Gesamtheit und der Einzelnen beeinflußt, die Thatsache ist notorisch, daß nicht das in eine „allgemeine Wahrheit" verwandelte Evangelium die Lebensläufe wirksam bestimmt, sondern diejenige Darbietung des Wortes, die es in das konkrete Denken und Wollen eines gegebenen Momentes hineinlegt und es dadurch unmittelbar zu einem Element der Geschichte macht. Kein Historiker, der sich um die Geschichte irgend eines Christen kümmert, fragt zuerst nach dem Geistlichen, der ihm predigte; längst vorher sieht er sich z. B. nach dem Glaubensstand seiner Mutter um. Aber diese Gesichtspunkte bringen in der Lehrbildung und im öffentlichen Bewußtsein der Kirche nicht durch. Nach Quenstedt z. B. geschieht es „extra ordinem", wenn jemand, der nicht Geistlicher ist, einem andern das Evangelium so darbietet, daß er daran den Glauben an Christus gewinnt, de conversione I these 17, ebenso Hollaz, de gratia vocante quest. 3 de gratia convert. qu. 10.

Mit der Begründung des Pastorats war der zur Thätigkeit führende Impuls des Glaubens an das Wort erschöpft. Es schien damit genügend für die Verkündigung des Wortes und die Spendung der Sakramente gesorgt. Damit war wieder die Achtsamkeit auf das, was aus dem Empfänger derselben wird, zurückgedrängt.[1]) Die im Wort sich bezeugende Gnade Christi zielt aber auf den Menschen; ihn will sie erleuchten, ihn heiligen. Ebensowenig ist das Sakrament um seiner selbst willen, sondern um des Menschen willen da. Entsteht auch dann noch Kirche, wenn das Wort zwar gesagt, aber nicht verstanden, geglaubt, gethan wird? Ist das Sakrament ohne seine heilsame Wirkung nur durch seine Austeilung vollständig vorhanden? Gewiß sind die Getauften die Kirche, aber darum weil und dann wenn sie in der Taufe die Gnade Christi schätzen, und die Empfänger des Abendmahls sind die Gemeinde, darum, weil sie Christi Vermächtnis empfangen. Gegenüber diesen großen Anliegen und Aufgaben wirkte der Glaubensstand der Alten überwiegend als Quietiv. Es war ihr Trost, daß das göttliche Wort nicht ohne Frucht bleibt, sondern

---

[1]) Bellarmin hatte gegen die protestantische Beschreibung der Kirche eingewandt: es lasse sich schlechterdings nicht sicher stellen, wo das Wort geglaubt werde. Diese Einrede gilt Hutter als reines Geschwätz: quae garrit de acceptione verbi, ea nihil ad rem faciunt et ad pervertendum statum controversiae unice sunt directa, neque enim quaestio est: quinam vere recipiant verbum, qui non? quinam credant verbo, qui non? sed hoc quaestionis est: ubinam pure praedicetur verbum dei, ubi non? Er ist völlig beruhigt, wenn nur das Wort gepredigt wird, loci, de notis verae ecclesiae.

sie selber schafft. Ihr Blick bleibt in dem fixiert, was Gott gegeben hat. Sein Wort ist die Leben zeugende Macht; darauf verlasse man sich.

Wie bei der ganzen Erörterung, so ist auch hier scharf im Auge zu behalten, daß die Ruhe des Glaubens und seine Thatkraft keineswegs an sich selber Gegensätze sind. Vielmehr ist die Ruhe selbst Kraftquelle. In dieser vom Menschen abgewandten, ausschließlich aufwärts blickenden Verkündigung Gottes und Christi lag und liegt eine Macht, die den Erfolg derselben unterstützt. Sie fixierte den Blick des Hörers auf den einigen, alles bedingenden Gegenstand: auf Gott. Die Irrungen und Verderbnisse treten nur damit ein, daß die Ruhe zum einzigen Ziel und einzigen Effekt des Glaubens wird.

Aus der Stellung der Alten folgte, daß sich für sie kein wesentliches Interesse an die Gemeinde heftete. Unentbehrlich ist das Pastorat, weil das Wort verkündigt sein muß, entbehrlich die Gemeinde, weil man auch ohne sie glauben und lieben kann. Das Bestehen der Kirche beruht für die Alten nicht auf der Thätigkeit des Christen, sondern auf derjenigen des Pastors, nicht auf der Thätigkeit aller, sondern auf derjenigen des Beamteten. Aktives Pastorat und passive Gemeinden oder vielmehr Pastorat und Zuhörer, auditores — das war nicht nur das Ergebnis der zeitgeschichtlichen Verhältnisse in denen die Alten standen, sondern auch ihres Glaubensstandes.

In beiden Centren der Reformation ist die Gemeindebildung gleichmäßig abgewehrt worden. Für Luther bildete sie kein dringendes, inneres Anliegen. Wenn er „die Leute dazu hätte", schiene ihm die Gemeinde wohl schön; aber er konnte sie entbehren. An Karlstadts Versuchen, es zur Gemeindebildung zu bringen, hat er nur die gefährlichen Tendenzen und trüben Anschauungen, die dort freilich nicht fehlten, mit vernichtender Abwehr hervorgehoben, ohne daß er für das positive Ziel, das Karlstadt in Orlamünde anstrebte, ein schützendes Wort gehabt hätte. Den hessischen Versuch, die Kirche auf die Gemeinde aufzubauen, hat er verworfen. Ebensowenig hat Zwingli die Gemeinde gewollt. Sein Blick geht sofort auf die Obrigkeiten, und wenn er dem Großen Rat den Beruf zum christlichen Handeln als „Stellvertreter der Kirche" übertrug, so hat diese Fiktion nur die Bedeutung, sein Kirchenbild mit demjenigen des Neuen Testaments einigermaßen zu vermitteln. Er wollte ein kräftiges, gesundes Zürich, eine wohlgeordnete Eidgenossenschaft, um die übliche Abstraktion zu gebrauchen, einen tüchtigen „Staat". Dazu galt ihm als erste Bedingung, daß Gottes Wort die Obrigkeiten und das Volk erfülle und jedermann „nach der Schnur Christi fahre." Darauf zielt seine gespannte Thätigkeit, mit der er seinen ganzen frommen Besitz sofort ins Handeln umsetzte. Der Ausbau des Staates schien nur erschwert, wenn neben, über oder unter demselben eine andere, tiefere, darum auch stärkere Vereinigung, eine Gemeinde, die Glaubenden verband. Jedenfalls wurde der Blick dadurch von dem, was Zwingli zunächst nötig schien, abgelenkt. Darum ist es zur Gemeindebildung, von der täuferischen Bewegung abgesehen, nur da gekommen, wo die Verfolgung die Glaubenden zusammentrieb. Dort entstand sie freilich auch in besonderer Reinheit und Herrlichkeit.

Auch in der beruhigenden, stillenden Wirkung des Glaubens wird seine Größe sichtbar. Keine nach außen greifende Beziehung gewinnt die Wichtigkeit einer zu seinem Bestand unentbehrlichen Bedingung. Luther kann, sowie das Wort verkündigt ist, mit Gott im Frieden leben, auch wenn er mit Melanchthon zusammen allein Gottes Kirche auf Erden wäre. Zwingli und seinen Gefährten schien es möglich, mit männlicher, in Gott begründeter Liebe in den gegebenen Verhältnissen dem Wohl des Volkes zu dienen, auch ohne Gemeinde. Aber die Fähigkeit zum Verzichten und Entbehren, ohne daß dadurch der eigene Glaubensstand zerstört wird, stellt nicht die ganze Frucht desselben dar. In der Fähigkeit zum Entbehren wirkt der Glaube als Quietiv. Sie entartet aber, wenn der Mangel nicht mehr als solcher empfunden wird, wenn sie abstumpfend wirkt.

Es wäre eine Verderbnis des Evangeliums gewesen, wenn die rechtliche Formation der Gemeinde zum ersten und wichtigsten Anliegen gemacht worden wäre, da derselben nur als dem dienenden Mittel, das die lebendigen Beziehungen zwischen den Glaubenden erleichtert, Wert zusteht. Solche ließen sich auch dann, wenn das Urteil Geltung hatte, daß „die Leute fehlten", und die Bedingungen zur Gemeindebildung nicht vorhanden waren, immer noch auch ohne beharrende Organisationen in reicher Weise pflegen, wie sie auch immer irgendwie gesucht und gefunden werden, wo ein kräftiger Glaubensstand begründet ist. Doch bildet die Gemeinde auch in dieser freien und flüssigen Form für die Alten kein Ziel einer ernsten, regen Aufmerksamkeit, so daß sich ein bewußtes, beharrliches Denken und Wollen auf sie gerichtet hätte. **Aus der Teilnahme an der Kirche ergab sich für den Glaubenden bei ihnen noch keine Berufung zum Dienst.**

Bei Calvin fehlt die Erwägung nicht, daß das Wachstum der Kirche in der Erkenntnis nicht bloß von den Pastoren, sondern auch von den Laien ausgehe. Der Verlauf der Reformations= geschichte zeigte ja, wie ernst mancherorts der Protest gegen die alte Kirche von ihnen vertreten wurde. Darum gesteht er ihnen auch für die Zukunft ein Besserungsrecht gegenüber der geltenden Lehre zu. „Wenn wir uns bemühen, zu bessern, was uns miß= fällt, so thun wir es kraft unserer Pflicht. Es steht (durch 1. Kor. 14, 30) fest, daß jedem Glied der Kirche die Bemühung um die öffentliche Erbauung nach dem Maß seiner Gnade aufgetragen ist, nur in geziemender Form und der Ordnung gemäß," instit. 4, 1, 12. Er denkt aber doch nur an Ausnahmen und Notstände, die dadurch entstehen, daß die Einsicht der Pastoren versagt. **Daß aber christliche Erkenntnis sich in der Gemeinde nur dann bilden und erhalten kann, wenn die Thätig= keit aller stets auf dieses Ziel gerichtet ist,** daß das göttliche Wort unsern ganzen Verkehr zu durchdringen hat, daß wir „Gesetz" und „Evangelium", das dem Bösen wehrende und das die Gnade gebende Wort, alle einander darzubieten haben, in diesen Gedanken senkt sich noch keine wache Aufmerksamkeit hinein. Auch Calvin stellt sich doch den Geistlichen als den vor, der jedermanns Bosheit straft, und jedermann zum Glauben führt.[1]) Bleibt dieses Mittel erfolglos, so gilt wiederum der Verzicht; wem der Geistliche das Evangelium nicht mitteilen kann, den giebt man Gott anheim.

Was soll der Christ gegen die Sünde in der Gemeinde thun? sie ertragen. Ihm liegt nur das eine ob, sich den eigenen Glaubensstand zu erhalten und die Erschütterungen desselben, welche die „Ärgernisse" begleiten, abzuwehren. Wir bleiben immer noch dicht neben Augustins Resignation, der regelmäßig

---

[1]) Daher auch die öffentliche Rüge der Einzelnen, namentlich der obrig= keitlichen Personen, von der Kanzel aus.

gleich schon den Heiden, der sich zum Katechumenat meldete, gegen die in der Kirche üblichen Sünden waffnete: sieh dich vor; es giebt in der Kirche viele Gottlose, Ehebrecher, Säufer 2c.; laß dich weder verführen, noch am Glauben irre machen; es muß neben dem Weizen auch die Spreu in der Kirche sein, de catechiz. rudibus 25, 48 und 26, 55.

Eine Verpflichtung zum Handeln ergiebt sich an dieser Stelle nur für die kirchliche und staatliche Obrigkeit.¹) Daß die Überwindung des Bösen und die Bewahrung vor demselben der Gemeinde nur möglich wird, wenn alle mit ernstem Willen stetig auf dieses Ziel gerichtet sind, daß die sittlichen Anliegen gemeinsame Anliegen sind, daß ein guter Wille am andern, ein sündiger Wille am andern sich erzeugt, daß nur der sich heiligt, der andere heiligt, mehr noch, daß wir nur dadurch uns selber heiligen, daß wir andere heiligen und nicht verderben,²) das sind Gesichtspunkte, die noch schlummern. Osterwalds Bußpredigt an die Kirche ist für das, was sie in dieser Hinsicht erworben hat, lehrreich. Er sucht die Gründe der Verderbnis und die Mittel gegen sie beim Pastorat, bei der Obrigkeit, bei der Kirchenzucht, bei der Erziehung, bei der Litteratur: die Gemeinde fehlt ganz. Er kennt sie nur in der elementarsten Form, nur so, daß er den Vater für den Glaubensstand seiner Kinder verantwortlich macht.

Für das höchste, was über den Dienst des Christen, der aus dem Besitz des göttlichen Wortes folgt, von den Alten gesagt werden konnte, giebt der Heidelberger Katechismus, Fr. 86, das Maß. Den Antrieb zum Handeln leitet er aus dem Blick auf Gott ab, dem wir danken sollen, aus dem Blick auf uns selbst, da wir unsers Glaubens an seinen Früchten gewiß werden, aus dem Blick auf die Nächsten: „daß wir mit unserm gottseligen Wandel unsere Nächsten auch Christo gewinnen."

---

¹) Aretius z. B. beurteilt den Erfolg der Rechtfertigungslehre düster. Er steht mit redlichem Glauben in ihr; die Lehre von der Rechtfertigung allein durch den Glauben ist wahr; allein die erneuernden Wirkungen derselben bleiben aus. Was liegt deswegen allen ob? serio dolere; wer hat zu handeln? Die Obrigkeiten und die Geistlichen, loci XXV, 21.

²) Der moderne Eifer für die „kirchliche Erziehung" giebt den Gedanken nur in geschwächter, weil mechanisierter Gestalt. Es handelt sich um etwas viel größeres als um pädagogische Technik.

Damit ist die Erweckung des Glaubens in den andern zum Beruf des Christen gezählt; aber auch hier fließt diese Verpflichtung nicht aus der Teilnahme an der Kirche. Ihr gegenüber verhält sich der Glaubende nur empfangend, nicht gebend. Beziehungen, die ihm ein Handeln gewähren, entstehen durch die anderweitigen Gemeinschaftsverhältnisse, die ihm die „Nächsten" zuführen, die er Christo gewinnen soll. Damit steht in innerer Beziehung, daß der Dienst, der in die inwendige Lebensgestalt der andern hinein= reicht, nicht an den Glauben und das Wort, sondern an das Werk als an sein Mittel gewiesen ist.

Der Gedanke ist nicht der, daß sich der Glaube vom einen zum andern hinüberpflanze, sondern es ist an den erwecklichen Antrieb gedacht, der aus dem redlichen Handeln in die andern übergeht. So wesentlich und unentbehrlich dieses Element für unsern Verkehr miteinander ist, wir stehen damit noch nicht bei dem, was noch Tertullian lebendig als Verpflichtung des Christen empfand: Christi Wort darf von keinem verborgen werden, de bapt. 17.

Das Bild der Kirche, das den Alten aus ihrer gläubigen Schätzung des göttlichen Wortes erwuchs, ist somit dies: Glaube und Erkenntnis pflanzt Gott durch die Bibel und das Predigt= amt; das Böse beseitigt er, wenn es unerträglich wird, durch das Strafamt der Obrigkeit. Dem, der weder Pastor noch Obrigkeit ist, hat Gott in der Kirche keinen Dienst zugeteilt. Er höre, schweige, glaube, empfange glaubend seine Seligkeit und handle in seinen übrigen Verhältnissen nach Gottes Gebot.

Die Geschichte hat die Schwierigkeiten, die hierin lagen, für beide Hälften der Kirche, sowohl für diejenige, der der Dienst allein überbunden war, als auch für diejenige, welche in die Passivität versetzt wurde, ans Licht gebracht. Am Schluß der orthodoxen Zeit sagt Schrautenbach, dem ein hellblickendes Auge zu teil geworden ist: „Der Vorteil der Gesellschaft geht in der wichtigsten unserer Angelegenheiten für die meisten Menschen ver= loren. Die meisten Menschen leben in der Welt als Anachoreten" (Zinzendorf, S. 11). D. h. die meisten leben ohne Kirche, des= wegen nicht auch ohne Blick auf Gott, nicht auch ohne Christen= tum, nur bildet dasselbe nirgends einen Berührungspunkt, der sie mit andern in Gemeinschaft brächte. Dieser verstummte und ver= einsamte Glaube wird aber notwendig von der Gegenwart weg=

gedrängt und erhält eine nur transcendente Haltung. Er wird auf den — vielleicht tief redlichen — Willen reduziert, einst selig zu sterben und in den Himmel zu kommen. So zeigt sich hier wieder, wie der Verzicht auf den Dienst den Glaubensstand schwächt. Die bloß passive Mitgliedschaft in der Kirche ist ein starker Bundesgenosse der alten Tradition geworden, die Kirche sei eine Veranstaltung zum seligen Sterben und lasse die Gegenwart leer, somit ein starkes Hindernis der Glaubenspredigt, die jetzt jedem den Zutritt zum gegenwärtigen Gott erschließt.

Wenn aber bei kräftiger Entfaltung des Glaubens die Lust am Dienste Gottes und das Verlangen nach Thätigkeit erwachte, griff man unwillkürlich nach den pastoralen Funktionen als nach der einzigen Art des Gottesdienstes und schuf das Zwitterding des Halbpastoren ohne Beruf, wofür die Periode des Pietismus lehrreich ist. Er erweckte in seinem Kreise einen starken, oft auch redlichen Willen, einander zu dienen, mußte denselben aber, weil es in der Kirche keine andere Vorstellung und Anleitung zu christlicher Thätigkeit gab, kaum anders fruchtbar zu machen, als dadurch, daß er pastorenhaft amtierte, und sich damit zum Ersatz und Gegner des kirchlichen Amtes machte. „Wir sollen," liest man in Rambachs dogmatischen Vorlesungen, S. 1100, „auch andern zur Seligkeit behülflich sein, das kommt nun allen Christen zu, ja es fruchtet solches oft mehr, weil man das Präjudicium bei ihnen nicht hat, daß sie es des Amtes halber thun müßten und daß sie darum besoldet wären." D. h. jeder Dienst, der dem andern im Blick auf sein ewiges Leben gethan wird, gehört eigentlich in den Bereich des kirchlichen Amtes und wird darum durch den Notstand entschuldigt, den die Profanation des Pastorats in der öffentlichen Meinung herbeigeführt hat. Darum thue der Laie oft wirksamer, was der Pastor thun sollte; er übt aber damit nicht seine Christenpflicht, sondern stellvertretend Pastorenpflicht.

Und das allein im Dienst Christi thätige Glied der Gemeinde, das allein allen den Glauben vermittelt und allein für alle die Verantwortung hat, war ganz analog durch den doppelten Abweg bedroht, entweder daß es durch denselben Gedankengang, der die Gemeinde passiv machte, ebenfalls um die Thätigkeit kam, oder daß es, von jedem mitwirkenden Dienst der Gemeinde isoliert, einer unruhigen Erhitzung seiner Aktion anheim fiel. Schon die Abwehr der Missionspflicht benützt den Gedanken: wer sich nicht selbst um das Evangelium bemüht, dem bleibt es billig entzogen; er schien sich auf das kirchliche Amt umsomehr übertragen zu lassen, je weniger sich die Erinnerung an die Kirche von denen, die in ihr leben, umgehen läßt. Somit genügt die öffentliche Verkündigung; wer sie nicht hören will, trägt die Schuld seiner Verachtung Gottes selbst. Damit wurde aus dem Glauben nur noch Beruhigung, nur noch ein Mittel, mit dem wir uns die Wert- und Erfolglosigkeit unsers Handelns erträglich machen. Auf diesem Wege kam es zu Pastoren, denen nicht nur die Gemeinde, sondern auch die Zuhörer fehlten, zur Predigt, deren Zweck damit erschöpft ist, daß sie gehalten ist, zur Parallele mit der Winkelmesse: wie dort die Gemeinde zum Abendmahl nicht erforderlich war, so hier nicht zur Verkündigung des Worts.

Oder das Ziel wurde ernstlich festgehalten, daß der Pastor durch seine Predigt die Gemeinde schaffe; das ergiebt eine an der Unlöslichkeit der Aufgabe stetig sich steigernde und erhitzende Thätigkeit. Als Hilfsmittel bot sich den Alten, die sich die Gemeinde nur passiv dachten, mit verführerischer Leichtigkeit der Zwang an. Die Versuche aus den Anfängen der Reformation, den Taufzwang der Kirche zu ersparen, sind rasch erfolglos geworden; bald nahm niemand mehr am Taufzwang Anstoß. Dem Sakramentszwang folgte mit guter Konsequenz der Predigtzwang, da sich Wort und Sakrament nimmermehr scheiden lassen. Da man aber damit doch nur die summarische Darbietung des Worts an die Gesamtheit erhielt und nicht verkannt werden konnte, daß dem evangelischen Ziel nur mit der persönlichen, individuellen Darbietung desselben an den einzelnen genügt ist, treten die mit dem Merkmal der Unausführbarkeit behafteten Ansprüche an die Pastoren auf. Ich citiere bloß den nüchternen Heidegger: „Da jedes Haus in gewissem Sinne eine Kirche ist, soll ein redlicher Pastor ihm nicht geringere Sorge widmen als der öffentlichen Versammlung," medulla de regim. eccl. loc. 27. II, 340.[1])

Undurchführbare Imperative, die sich mit dem Schein der Pflicht ins Gewissen legen, sind eine schwere Belastung, weil sie

---

[1]) Das alte Genf ist vielleicht das größte Beispiel für die methodisch durchgeführte Beziehung des Pastorats auf jedes Glied der Gemeinde. Im 16. Jahrhundert wurden jährlich viermal sämtliche Bewohner aller Häuser durch die Pastoren geprüft; es war eine konsequente „Stadtmission" durch das Pastorat.

eine kräftige Verführung zur Unwahrhaftigkeit sind. Viel Unnatur und Schauspielerei auf und unter der Kanzel hing an dem nicht völlig wahren Bewußtsein, der alleinige Sprecher des göttlichen Worts, der einzige Spender der Gnade und des Glaubens an die ganze Gemeinde zu sein.

Der auf das Pastorat gerichtete Glaube, jenes dankbare und gewisse Wort: „sie lehren uns an Christi Statt," ist wahrscheinlich dasjenige Glied des alten Glaubensstands gewesen, das sich am wenigsten befestigte und beim Übergang der Kirche in die rationale Haltung zuerst erlosch, nicht nur in der Gemeinde, sondern auch in den Geistlichen. Was vom Beginn des 18. Jahrhunderts an nicht gegen, sondern für das geistliche Amt gesagt wird, ist vom reformatorischen Gedanken weit entfernt. Das Pfarramt wurde mit den übrigen Institutionen der Kirche profan, und wir haben uns heute von dieser Profanation der Kirche noch nicht erholt. Warum erlosch trotz des mächtigen Antriebs zum Glauben, der von der Reformation ausging, die gläubige Schätzung der Kirche, die in ihr die Dienerin der göttlichen Gnade erkennt? Nicht einzig darum, doch auch darum, weil sie den Dienst, der ihr übertragen ist, nicht ganz verstand und nicht ganz vollführte, als sie ihn ausschließlich den Pastoren überband.

Um die Stellung, welche die Alten dem Christen in der Kirche geben, zu verstehen, müssen wir auf die Weise achten, wie sie unser inwendiges Verhältnis zu Gott auffassen.

4. Die passive Bekehrung.

Der redliche Bußernst der Reformation hat unser eignes Wollen aus der Zahl der Faktoren, die den Gnadenstand begründen, ausgeschlossen, und es eine offenkundige Unwahrheit genannt, daß wir in freier Entscheidung unsern Willen entweder mit Gottes Willen einstimmig machen oder ihm entgegensetzen. Dieses sogenannte „liberum arbitrium" sei eine Fabel, da jeder von uns einen entschlossenen, an sein Ziel gebundenen Willen hat. Was wir wollen, ist aber nicht Gottes Wille, sondern wir wollen Böses, bis unser Streit gegen Gott nicht durch uns, sondern durch Gott beendigt wird. Unsere Bekehrung ist somit Gottes Sieg über unser Widerstreben gegen ihn.

Darum war es die Sehnsucht der Männer, die sich den

reformatorischen Gedanken am vollständigsten angeeignet haben, daß sich die Gnade an ihnen als unwiderstehlich erweise, und die dankbare Freude ihres Glaubens, daß die Herrlichkeit des göttlichen Liebens in der That übermächtig alles, was wir ihm entgegensetzen, niederringt. Wer die Unwiderstehlichkeit der Gnade bestritt, leugnete in ihren Augen das Evangelium.

Es wäre Untreue gegen das, was Gott der Kirche durch die Reformation gegeben hat, wenn wir den Bußernst des Dogmas „vom gebundnen Willen" durch Subtraktionen verkümmerten. Soweit ich sehe, hat noch kein Theologe sein Recht erwiesen, in anderer Weise von seinem guten Wollen zu sprechen, als so, daß er Gott für dasselbe dankte als für das Geschenk seiner erlösenden Gnade.[1]) Damit ist dem freudigen Eingehn in den Dienst Gottes an sich kein Hindernis bereitet, vielmehr demselben wiederum sein hohes Ziel gewiesen: es gilt in uns und in den andern das Gebundene zu befreien.

Würde uns nur das Bewußtsein der Unfreiheit und Verknechtung an das Böse gegeben, so wäre der Dienst Gottes freilich aufgehoben. Gott dienen heißt, Gottes Willen willig thun, ist also Sache des freigewordenen. Der Streit unsers Willens gegen Gott endet aber durch die Gnade mit Gottes Sieg. Es handelt sich darum, worin derselbe besteht.

Die Alten antworten: Der Sieg der Gnade über unser Widerstreben besteht darin, daß uns Glauben gegeben wird.[2]) Das feste Gefüge dieses Gedankengangs springt in die Augen: uns, die zum Guten unfähigen, verbindet der Gnädige, welcher versöhnt und erlöst, dadurch mit sich, daß wir ihm glauben.

Nicht nur ein Hoffen tritt durch die Gnade zu unserm gebundenen Wollen hinzu, so daß unsre Befreiung noch nicht erfolgte, die Unfähigkeit zum guten Wollen nicht durchbrochen würde und jetzt noch kein auf Gott gerichteter Wille in uns entstände, sondern Glaube, der die Gnade nicht bloß in der Zukunft vor sich hat, sondern als von Gott uns erzeigt bejaht. Das ist unmittel-

---

[1]) Man sieht die Gebundenheit nicht nur dem Handeln, sondern auch der Theologie der Leute an. Proteste gegen den gebundenen Willen zusammen mit einem verkümmerten, wirkungslosen Gottesbewußtsein sehen wunderhübsch aus.

[2]) regeneratio = donatio fidei.

bar das Ergebnis des Blicks auf Christus. Wer auf Christus sieht, kann die Gnade nicht bloß als freundliche Gesinnung Gottes fassen, die ohne Wirkung bliebe, sondern schaut sie als für uns handelnde, als gebende. Gott ist nicht nur mit uns versöhnt, sondern versöhnt auch uns mit ihm, stillt unsern Streit gegen ihn und einigt uns mit seinem Willen. Christi Gnade giebt sich ihr Ziel in unsrer Person, somit in unserm Wollen, und macht dieses zum Gegenstand ihres Verlangens und Gebens und Schaffens. Es giebt darum keine Gnade, die geglaubt und doch nicht befreiend wäre, die geglaubt wäre und doch nicht Wollen erweckte, gutes Wollen, weil es auf Gott gewandt ist, ein Lieben, das sich Gott darbringt.

Das stand auch unsern Alten völlig fest und ist Gemeingut aller evangelischen Lehre. Die Bedingungen zum freudigen Vollzug der christlichen Dienstpflicht waren damit gegeben und wurden von ungezählten, voran von den Reformatoren, treu und dankbar ausgenützt. Schwierigkeiten ergaben sich daraus, daß sich ihr Blick bei der Kraft, mit der sie ihre Gebundenheit empfanden und sich stets gegenwärtig hielten, immer wieder auf die Weise richtete, wie das Glauben entsteht. Ist es doch von seiner Wirkung unzweifelhaft begleitet, wenn es nur überhaupt entsteht! Darum wendet sich ihre Aufmerksamkeit nach der andern Seite, nicht darauf, daß wir durch Gott guten Willen haben, sondern darauf, daß wir ihn in uns selbst nicht haben, nicht darauf, daß die Befreiung frei macht, sondern darauf, daß wir unfreien der Befreiung bedürfen. Wie schon Luther der falschen Freiheit, die Gott entzieht, was sie sich selbst beilegt, nicht mit dem Glaubenswort antwortete, das die von Gott gegebene Freiheit preist, sondern mit dem Bußwort, das den Willen als gebunden aufzeigt, so lag es auch den Spätern bei der Erörterung der Freiheit und des Willens daran, die Einbildungen, die uns ein illusorisches Vermögen zum Guten beilegen, zu zerstören, die Unwahrheit der von Gott abgelösten Freiheitsideen zu erweisen, uns die boshafte Art unsers Wollens zu zeigen und die Empfindung unsrer moralischen Ohnmacht in uns zu erwecken, dies darum, weil ihr Interesse darauf gerichtet ist, daß Glaube in uns entstehe. Deshalb werden diejenigen Gedanken abgewehrt, die uns verleiten könnten, uns bei unserm eignen Vermögen zu beruhigen.

In dieser Fassung ist das Lehrstück von der „freien Wahl"

ein Glied der evangelischen Bußpredigt; d. h. es betrachtet den Menschen in seinem von Gott geschiedenen Stand, wie er Gottes Gegenwart nicht in sich selbst erlebt und Gottes Gabe nicht erlangt. Das Bußwort war von den Alten gläubig gedacht, d. h. es will uns nicht in die Betrachtung unsrer Gottlosigkeit einschließen und diese als unser unaufhebbares Los darstellen, sondern uns über das, was in der Gottlosigkeit unser Wesen wird, emporheben und uns zu Gottes Gabe hinleiten, die ein neues schafft. Darum kommt hier alles darauf an, daß das, was uns den Anlaß und Antrieb zum Glauben darbietet, nicht schon als dessen Inhalt, Ziel und Ende erscheine, daß es nicht als gläubig gelte, sich passiv und willenlos zu verhalten, nicht als normal, sich als „Holz und Stein" im Verhältnis zu Gott zu empfinden, daß vielmehr solche Leb= und Lieblosigkeit von uns als unsre Sünde empfunden werde, die unsre Schuld bildet und zeigt, daß Gottes Gnade, Geist und Wort nicht bei uns sind, während Christus dazu gekommen und dazu mit seiner Gnade bei uns ist, damit wir wollen, was Gott will.

Nicht nur im Bösen, sondern auch in der Bußpredigt, die unsern Blick auf unsere Bosheit fixiert, liegt eine Schwierigkeit für den Glaubensstand. Ohne sie ist er uns nicht erreichbar, aber auch dann wird er von uns nicht erreicht, wenn sie allein unser Bewußtsein bestimmt. Die Alten haben es abgelehnt, das Verhältnis der Reue zum Glauben so zu bestimmen, daß die reuige und die gläubige Schätzung unsres Wesens und Vermögens auf verschiedene Objekte verteilt und dadurch in Succession nebeneinander gesetzt würden, indem das reuige Urteil als Rückblick auf das Vergangene, das gläubige als Anblick des Gegenwärtigen gefaßt würde, jenes das Ich schätzte, wie es war, dieses, wie es ist. Vielmehr haben unsre Alten — und sie werden darin recht behalten — für die Buße und das Glauben die Koexistenz verlangt und ihr Doppel= urteil auf dasselbe Ich bezogen, auf das, was ich jetzt bin. Sie haben somit die Unfreiheit und die Freiheit zum Guten gleichzeitig in dieselbe Persönlichkeit hinein verlegt, jene als das Ergebnis ihrer eigenen Natur, diese als die Gabe der Gnade. Das Zu= sammenbestehn der Buße und des Glaubens entspricht der gleich= zeitigen Existenz unsrer Sünde und der göttlichen Gnade, und die Obmacht des Glaubens, die ihn zum bestimmenden, dadurch auch befreienden Faktor für unser Bewußtsein und Wesen macht, ist durch die Obmacht der göttlichen Gnade über unsere Sünde gesetzt.

Dem Glaubenden wird also aufgegeben: Buße und Glauben wie ungetrennt, so unvermischt in sich zu tragen, den Blick sowohl auf die eigne Bosheit als auf die göttliche Gnade zu richten, unsrer sündlichen Art nicht das, was der göttlichen Gnade gehört, der göttlichen Gnade nicht das, was unsre Sündhaftigkeit ausmacht, zuzuschreiben, sowohl dem Bild, in dem wir uns selbst erfassen, als demjenigen, in dem wir Gott schauen, seine Wahrheit zu lassen, Gott nicht herabzuziehen ins Maß unsers Unvermögens, unser Unvermögen nicht phantastisch zu erhöhen zu göttlicher Art.

Beide Abwege waren dabei möglich: daß im Namen der Buße der Glaube, wie daß im Namen des Glaubens die Buße geschwächt wurde. Dort führt der Blick auf die Sünde zur Verneinung der Gnade, hier der Blick auf die Gnade zur Ableugnung der Sünde. Beengt und dämpft die Buße den Glauben, so entsteht ein Ohnmachtsbewußtsein, das zum Dienste Gottes unfähig macht; hemmt der Glaube die Buße, so erzeugt sich ein eingebildetes Kraftgefühl und dadurch eigenwilliger, pseudonymer Gottesdienst.

Bei dem Ernst, mit dem die Alten auf das eigne Werk als sündlich und den eignen Willen als gebunden verzichteten, sind Formeln, die den Glauben dadurch beschatten, daß die Buße in ihn hinüberklingt, nicht vermieden worden.

Wird z. B. die Gnade unwiderstehlich genannt, so ist sie mit einem Gedanken beschrieben, der aus dem bösen Gewissen, aus dem Blick auf unser gottloses Wollen, stammt. Unserm verdorbenen Willen widersteht die Gnade und dies so mächtig, daß sie unwiderstehlich ist. Sie ist hier als die Kämpferin gedacht, die das, was wir begehren, durchkreuzt. Dadurch entsteht der Schein, als wäre ihre Gabe uns aufgezwungen und von uns nur mit innerem Widerstreben ertragen. Gewiß ist neben dem, was die Gnade giebt, auch immer ein mannigfaches Begehren in uns lebendig, das ihr widerstrebt; allein das gute Wollen, das sie uns giebt, ist unser eignes Wollen, so frei und spontan, wie unser falsches Lieben, das ihm entgegensteht; ja dieses falsche Lieben ist vielmehr das, was uns aufgezwungen wird und gewaltsam den Lauf unsers Willens hemmt.[1] Hieß man die Gnade „unvermeidlich", wie

---

[1] Das haben übrigens schon die Alten klar auseinandergesetzt, vgl. z. B. Burmann, synopsis theol. VI, 1, 29.

man es im lutherischen Kreise lieber that, so besserte man in dieser
Hinsicht nichts; denn auch dieses Wort beschreibt das böse Ge=
wissen und spricht aus, daß wir die Gnade nicht wollen, sondern
meiden und fliehn, ihr aber nicht entfliehen können, weil sie selbst
uns nicht läßt, sondern sucht und faßt.

Wichtiger war, daß dem Glaubenden wohl Wille, aber keine
Wahl zugestanden ward, womit die Gnade wieder durch einen
Gedanken beschrieben ist, der aus der Beobachtung unserer Bosheit
und Verderbnis stammt. Jede Begehrung, die sich uns in ihrem
Zielgedanken nebst den ihn begleitenden Empfindungen schaubar
macht, wird sofort zum Objekt einer neuen Willensbewegung, die
sie entweder bejaht, oder verneint, als unser Wollen anerkennt und
bestätigt, oder sie abwehrt und entkräftet. Dieses Wahlgeschäft
begleitet unser Begehren so beständig, wie das ihm verwandte
Geschäft des Urteilens unser Vorstellen. Ist die Zugehörigkeit einer
Begehrung zu uns selbst innig und wesenhaft, so erkennen wir sie,
sowie sie in unserm Bewußtsein steht, sofort freudig als die
unsrige an, und die Wahl wird alsbald zum unlöslichen Bund,
zur unaufhebbaren Vereinigung. Sind aber entgegengesetzte Be=
gehrungen in uns lebendig, dann erhält der neu sich bildende
Oberwille, der sich mit der einen Wollung eint und mit ihr die
andere tilgt, besondre Wichtigkeit, weil dieser neue, wählende Wille
den Fortgang unsres Willens= und Lebenslaufs bedingt. In diesem
letztern Sinne giebt es erst, nachdem ein gutes Wollen in uns
entstanden ist, eine Wahl; denn es braucht zwei Wollungen zur
Wahl, und der wählende Wille hebt sich als der dritte regierend
über die beiden andern empor. Im gottlosen Stand kann von
freier Wahl nur in dem Sinne die Rede sein, daß wir uns mit
unserm verdorbnen Begehren immer neu einigen und es als unser
eignes Wesen erkennen und wollen. Bei der Bekehrung dagegen und
ebenso in unsrer fortgehenden Erneuerung findet der Wahlbegriff
seine höchste Anwendung. Denn durch die Gnade erwacht mitten
in unserm verdorbnen Begehren ein gutes Wollen und dies dazu,
damit wir es als das unsrige bejahen, uns mit ihm einigen und
durch dasselbe unser schlechtes Begehren in uns tilgen und
abweisen.

Indem die Alten zwar vom guten Willen des Glaubenden
reden, dagegen von einer Wahl, durch die er sich diesen erwählt,
nichts wissen wollen, haftet ihr Blick wieder ausschließlich am

göttlichen Geben und lenkt sich nicht auf das hinüber, was durch dasselbe in seinem Empfänger entsteht. Ihr Glaube wirkt auch hier nur als Quell der Ruhe und macht sie in der Vollkommenheit des göttlichen Gebens still, weil dieses ohne Bruch ein Ganzes ist und in solcher Weise giebt, daß wir wirklich die begabten sind, in solcher Weise Wollen giebt, daß wir wirklich wollen. Damit blieb aber ihr Gedanke ein Stückwerk; denn die Absicht der Gnade ist nie ganz ermessen, wenn ihr Empfänger als bedeutungslos im Schatten bleibt, als höbe die Gnade nicht uns in die personhafte, freie Lebendigkeit empor, als wollte sie nicht von uns gewollt, erwählt, geliebt, ergriffen sein. Unser Wollen wird uns so gegeben, daß es u n s e r Wollen ist; darum ist es in unser Bewußtsein gestellt, als von uns zu beschauendes, von uns zu erwählendes, als das, womit wir uns eins machen können, dürfen, sollen als mit unserm Wesen und Eigentum. Das ist unser Geben, welches das göttliche Lieben an dieser tiefsten und innerlichsten Stelle unsers Lebens von uns sucht, und welches dieses nicht mindert und begrenzt, vielmehr seine Absicht und Wirkung ist, weil die Gnade nicht Gnade wäre, würde ihre Gabe nicht unser Eigentum.

Im Bereich des Urteils haben die Alten das der Wahl parallele Element unsers innern Lebens, die eigne Zustimmung, nicht verkannt, vielmehr für das Glauben immer festgehalten, daß es durch unser zustimmendes Urteil, durch unsern assensus, der dem göttlichen Wort unser „Ja" zur Antwort giebt, entsteht.[1]) Diese Zustimmung ist jedoch nicht ein willenloser Gedanke; mit ihr sprechen wir vielmehr unsern Willen aus und vollziehen unsre Wahl. Auch die bloß negativen Begriffe, daß wir uns der Gnade „lassen", genügen dem Sinn derselben nicht. Sie sucht und stiftet einen positiven Akt in uns, daß wir ihr unser Denken und Wollen g e b e n, u n s ihr g e b e n. Das ist zweifellos ein ganz und gar empfangenes, aber ein wirklich empfangenes, darum uns eignendes und durch uns geschehendes.

---

[1]) Der moderne Angriff auf den „assensus" der Alten, mit welchem sie sich gläubig wissen, bildet, um vom Glauben alle Eigenwilligkeit abzuwehren, das Quietiv vollends einseitig aus; so wird aus dem Glauben ein bloß passives Überwältigtsein. Damit wird es aber nicht nur vom Denken abgeschnitten, so daß es keiner Lehre mehr bedarf, sondern auch vom Wollen. Es ist bezeichnend, wie sich Herrmann bemüht, nachträglich ein „sittliches Motiv" im Glauben aufzufinden.

Damit die Gnade, die der Glaubende empfängt, nicht als etwas Besonderes erscheine, sondern die eine und selbe Gnade bleibe, die Gott für alle hat, haben die lutherischen Theologen lieber gesagt: Gott gebe uns zwar nicht den guten Willen, wohl aber die „Kräfte" zu demselben, falls wir ihm nicht widerstehen. Der Blick auf Gott wird hier nicht mehr unmittelbar an die Bewegung unsres eignen innern Lebens, an unser auf Gott gerichtetes Wollen, angeschlossen, sondern die Gabe Gottes wird hinter demselben in einer, freilich nun Geheimnis bleibenden „Kraft" gesucht. Das führte zu einer ähnlichen Stellung, wie sie die vorreformatorische Theologie einnimmt. Dürfen wir das, was wir in unserm Willen tragen, nicht als Gottes Gabe schätzen, dann stellt es sich immer als Pflicht der Frömmigkeit dar, unsern Beitrag so klein und schwach als möglich zu denken, damit Gottes Werk und Gabe groß bleibe. Daher kommen für das, was wir sollen, wieder die bloß negativen Sätze auf. Wie man in der vorreformatorischen Theologie zum Preis der Gnade den Empfänger des Sakraments vollständig passiv machte und ihm sagte: nur nicht widerstehn! das genügt; nur den Riegel nicht vorschieben, so lautet die Anweisung für unser Verhalten gegen Gottes Gnade jetzt wiederum: nur nicht widerstehn, alles übrige thut Gott, und die alte Formel, die viel Unheil angerichtet hat, und die Luther einst energisch mit seinem: glauben sollst du! bestritt, kommt bei den lutherischen Theologen wieder in Gebrauch: nur den Riegel Gott nicht vorschieben.

An sich sind solche negative Formeln nicht unzutreffend; schädlich werden sie nur dann, wenn sie von der zu ihnen gehörenden Position, ohne welche sie niemals Wahrheit und Wirklichkeit werden, abgelöst sind. Alle negativen Attribute unsers Verhaltens entstehen und bestehen nur durch die ihnen parallele Position; nur mit dem richtigen Ja finden und haben wir auch das richtige Nein, nur mit dem richtigen Wollen das richtige Nichtwollen. Auch der mittelalterliche Empfänger des Sakraments war nicht unrichtig unterwiesen, wenn ihm gesagt wurde: nur den Riegel nicht vorschieben! wofern das nur zur Wahrheit wurde und er den Riegel nicht vorschob. Ebenso bedarf es zur Bekehrung nur des einen, daß wir „Gott nicht widerstehn." Damit aber dieses Negative entstehe, muß der positive Akt geschehn: um nicht zu widerstehn, mußt du glauben, und die Unklarheit dieser negativen Formeln besteht darin, daß sie sich für sich selbst auch ohne ihren positiven Sinn und Grund als die ausreichende Beschreibung unsers Verhaltens ausgeben.

Mit diesen Formeln wurde die Ruhe des Glaubens so einseitig gepflegt, daß Trübungen des moralischen Urteils unvermeidlich waren. Wie viel darf ein Christ Gott widerstreben, bis er die Gnade vertreibt? Das „natürliche Widerstreben" hindere sie nicht, das „boshafte Widerstreben" vertreibe sie. Dieses „natürliche Widerstreben" gegen Gott, das nicht boshaft sei und unschädlich bleibe, hat vor den „läßlichen Sünden" der älteren Zeit nichts voraus. Der Bußernst der Reformation hat sich gerade darin begründet, daß uns das Widerstreben gegen Gott natürlich ist, und die Größe ihres Glaubens erwies sich in der Zuversicht, daß die Gnade uns auch in unserm boshaften Widerstreben gegen Gott faßt.

In der ursprünglichen reformatorischen Anschauung lag keine Veranlassung, den Moment der Bekehrung vom übrigen Christenleben abzusondern, vielmehr wird der ganze Verlauf desselben als einheitlich und gleichartig aufgefaßt, da er in der „täglichen Buße," somit auch im „täglichen Glauben" besteht. Das sündliche Wollen haftet uns an als unsre Art, und an unsrer Fruchtbarkeit in falschen Begehrungen erleben wir immer wieder die Gebundenheit unsers Wollens; darüber aber steht auch als ein stetig sich erneuerndes unser Glauben und Lieben, das uns von Gott gegeben wird. Darin lag keine Veranlassung, auf den Bekehrungsmoment eine besondre Aufmerksamkeit zu richten. Hat er auch als erster seine Wichtigkeit, weil es ohne den Anfang keinen Fortgang giebt, so ist er doch nicht im Unterschied vom spätern Christenleben durch eine besondre Gnadenwirkung ausgezeichnet, sondern bringt uns nur zum erstenmal diejenige Gabe, die auch heute wieder von uns erfaßt werden kann und muß.

Die Ablehnung der Wahl hat aber in beiden evangelischen Kirchen dazu geführt, daß die Bekehrung vom spätern Christenleben unterschieden wurde, weil in der Bekehrung Gott allein wirke, im Fortgang des Christenlebens dagegen unser erneuertes, von Gott uns geschenktes Wollen mit Gott zusammen wirke. Den Anfang des Christenlebens macht also ein Moment vollkommener Passivität. Nun gehn wir zweifellos durch Momente durch, in denen Gott allein wirkt und wir lediglich bewirkt und gestaltet sind; nur sind diese kreatorischen Akte Gottes nicht wahrnehmbare Ereignisse innerhalb unsrer bewußten Gedanken= und Willensverkettung. Wo Gott allein wirkt, sind wir nicht einmal mit unserm Bewußtsein, nicht einmal als zuschauende Zeugen beteiligt, als könnten wir den Hergang unsrer Schöpfung beobachten und Gott zuschauen, wie er unser Wollen d. h. uns selber macht. Faßlich für unsern Blick, damit aber auch sofort Glied unsers eignen Wollens ist das Ergebnis des göttlichen Schaffens, ist das von Gott gemachte „Ich," ist das Denken der Wahrheit und das Wollen der Güte, das Gott in uns hineingestrahlt hat. Darum giebt es in unsrer für uns schaubaren Lebensgeschichte keinen Moment, in welchem die Gnade uns nur passiv machte, ebensowenig einen solchen, in welchem wir uns unabhängig und selbständig erscheinen könnten, als wären wir nicht durch das göttliche Geben ins Denken der Wahrheit und ins Wollen der Güte emporgestellt. Man hat sich zwar besonders auf reformierter Seite bemüht, von der als Passivität beschriebenen Bekehrung die Mißverständnisse abzuwehren: nur in actu primo sei der zu bekehrende passiv, in actu secundo dagegen sofort aktiv; d. h. die Passivität gelte nur so lange, als die Ursache abstrakt und von ihrer Wirkung abgesondert betrachtet werde. Aber diese bloß aus der Logik und nicht aus dem Glauben geschöpfte Korrektur überwand die Schwierigkeiten nicht, die sich daraus ergeben, daß das Christenleben mit einem Moment vollständiger Passivität beginnen soll.

Im Handeln der Kirche spiegelte sich dieser Gedanke in doppelter Weise: entweder trat man in die Stille abwartender Haltung und harrte ruhig auf den Moment, wo Gott sein Werk thun werde; oder die Passivität wurde nur für den zu bekehrenden festgehalten, nicht aber für den, der ihn im Namen Gottes zur Bekehrung berief. So wurde aus der Bekehrung ein gewaltsamer Stoß, der durch eine fortreißende Machtwirkung die Passivität überwinden will. Beide Methoden sind „orthodox". In beiden, sowohl im geduldigen Warten, wie in der drängend den andern anfassenden That, kann viel echter Glaube leben; aber beide bedürfen der Erinnerung, daß der Mensch in der Schätzung der Gnade eine zur Freiheit berufene Persönlichkeit ist. Diese Anwendungen der passiven Bekehrungsformel finden aber nur so lange statt, als der auf das Entstehn des Glaubens gerichtete Antrieb der Reformationsjahre nachwirkte. Sowie sich das Interesse vom wunderbaren, geheimnisvollen Anfang des Christenlebens abwandte und unsre tugendhafte Thätigkeit, die auf jenen folgen soll, als der große und würdige Gegenstand unsers Interesses erschien, fand man sich unaufhaltsam in den rationalen Gedankengang hinüberversetzt, in seinen Eifer für die Tugend und in seine wohlgemute Zuversicht zur menschlichen Güte, wie denn der Übergang notorisch ganz allmählich und wohl vermittelt gewesen ist. Damit war aber die Einsicht in den Dienst Gottes vollends verdunkelt, weil hier der Blick auf Gott im Handeln nicht mehr festgehalten ward.

Auch an dieser Stelle trat ans Licht, wie die Abwendung vom Geben schließlich auch das Empfangenwollen und den Glaubensstand angreift. Mochten die Sätze über die Wendung unsers Willens zu Gott unfertig bleiben, eins durfte die Kirche nicht aufgeben, daß die Glaubenspredigt über das Ohnmachts- und Schuldbewußtsein unverkürzt emporgehoben blieb und sich ihren Universalismus bewahrte, kraft dessen jedem gesagt werden kann: glaube der Gnade, glaube ihr jetzt; es sind dir von derselben die Motive zum Wollen gegeben; weil Christus dein Versöhner, Gottes Geist dir gegenwärtig ist, Gottes Wort und Sakrament dir gegeben sind, kannst und sollst du glauben, kannst und sollst du wollen. Statt dessen erhalten wir seit der Konkordienformel die Antwort: was dem Menschen, der noch nicht bekehrt und zum Glauben noch unfähig sei, obliege, sei der auswendige Gebrauch der Gnadenmittel, der Predigt, der Bibel u. s. f., womit sich vorbereitende Wirkungen der Gnade, eine „assistierende" Gnade, verbinde, die ihm allmählich das Evangelium einpflanze, bis der Moment komme, wo Gott ihm den Glauben geben wird. Musäus z. B. beschreibt, was der Mensch könne, folgendermaßen: „es steht fest, daß dem Menschen im äußern Gebrauch der Mittel, durch welche Gott die Bekehrung in uns wirken will, noch Freiheit übrig blieb. Wir können, wenn wir wollen, in die Kirche gehen, das Wort hören und bei uns dasselbe bedenken. Wenn wir das thun, wird Gott mit seiner Gnade gegenwärtig sein, und das Denken, falls das boshafte Widerstreben fehlt, durch das Wort erleuchten, den Willen bewegen, das steinerne Herz berühren, erweichen, wegnehmen und das fleischerne uns geben. Dann können wir die von Gott empfangenen Kräfte weiter gebrauchen zum Wachstum des Glaubens und des neuen Lebens, können dem Gebet, der Meditation, der Kreuzigung des Fleisches obliegen, bis wir endlich aus dem Thal des Elends ins himmlische Vaterland versetzt werden," de aeterno praedestinationis decreto, 1646, pg. 153. Das ist nicht mehr die volle Glaubenspredigt, die dem Gebundenen Christus zeigt mit der Weisung: du darfst, du kannst glauben.[1])

Nicht dadurch hat diese Antwort den Glaubensstand vielen erschwert, daß sie den Blick auf unser Unvermögen gerichtet hält, sondern dadurch, daß sie das Bewußtsein desselben in dasjenige Verhältnis zu Gott hineinträgt, welches seine Gnade uns gewährt. Dann wird sie fehlerhaft, wenn sie mit einer abwesenden Gnade und doch noch gegenwärtigen Gnadenmitteln rechnet, mit Gnadenmitteln, die die Gnade doch nicht darbieten, wenigstens jetzt noch nicht, mit einer halben Gnade, die doch die Person noch nicht fassen und sie innerlich leer lassen soll, mit einem auf Bekehrung gerichteten Willen, der sich doch noch nicht bekehren könne, sondern darauf beschränkt sei, sich durch den Gebrauch der Gnadenmittel auf den Moment präparieren zu lassen, wo Gott das Wunder der Befreiung an ihm wirken wird. Diese Schätzung der Gnade als ganz oder halb abwesender, diese Gnadenmittel, die doch nicht, wenigstens jetzt noch nicht, zureichen sollen als Glaubensmotiv, das wurde in diesem Gedankengang ungezählte Male ein Glaubensdefekt.

Gewiß hat der Glaube darin seine Vorbedingung, daß uns der Inhalt des Evangeliums faßlich wird, was nicht nur von intellektuellen Vorgängen, sondern nicht minder von der Bewegung unsres Willens abhängig ist, weshalb uns der Griff ins Evangelium oft erst durch eine lang sich dehnende Geschichte möglich wird. Dennoch bleiben wir nur dann beim Glaubenszeugnis der Schrift und auch bei demjenigen der Reformation, wenn uns die Verkündigung Christi, soweit als wir sie eben jetzt zu ver-

---

[1]) Quenstedt giebt nur die geltenden Sätze, wenn er sagt: non quidem se ipsum convertere, a deo tamen converti potest, modo mediis divinitus ordinatis utatur, de libero arbitr. II, 7. Diese media sind actiones sacrae (!) externae, quae extrinsecus actionibus spiritualibus serviunt ac proinde paedagogicae sive ad conversionem manuductoriae vocantur, ibidem Thes. 6. Äußerliche heilige Handlungen des gebundenen Menschen! Man erinnere sich an das oben über die Beruhigung bei der öffentlichen Verkündigung bemerkte: der Gebundene kommt in die Kirche, nie umgekehrt die Kirche zum Gebundenen.

nehmen vermögen, als unsre Berufung zum Glauben gilt, dadurch, daß wir ihn als uns gegeben und uns Gottes Gnade bringend bejahen. Darum ist für jeden, an welchen das Evangelium herantritt, in dem Maß, als es wirklich an ihn herantritt und ihm faßlich wird, die Aufgabe nur die: glaube! Im Gedankengang der Alten bleibt aber als Aufgabe für den Menschen übrig, nicht daß er glaube, jetzt gläubig auf Gott schaue, jetzt Gott wirklich Glauben erzeige, sondern daß er sich für den Glauben präparieren lasse und präpariere. Das drang tief in die Denkweise und Praxis der Kirche ein.

Jede echte Reue, das Beben der Seele vor Gott, alle schamhafte Scheu, die sich seiner Gnade nicht zu nähern wagt, wird durch das Gesagte schlechterdings nicht mit Geringschätzung beschmutzt. Ich wünsche mich nicht an der Sünde zu beteiligen, die Furcht Gottes zu schmähen. Gott wohnt bei denen, „die vor seinem Worte zagen," und Christus hat den gerechtfertigt, der in der Ferne stand und seine Augen nicht zu seinem Gott erhob. Nur auf das eine ist zu bringen, daß das, was Glaube ist, und das, was nicht Glaube, sondern Reue, Furcht, Sehnsucht, oder vollends Stumpfheit, Unglaube, Widerwille gegen Gott ist, deutlich und aufrichtig unterschieden bleiben. Die Zweideutigkeit und der Schaden entstanden dadurch, daß man nominell den Glaubensstandpunkt festhielt, wenn man auch nicht mehr auf demselben stand.

Die Konkordienformel hat ihre Darstellung des gebundnen Willens dadurch gegen glaubenslosen Mißbrauch zu schützen gesucht, daß sie ihr die Taufe als Glaubensmotiv entgegensetzt; zwischen den Getauften und nicht Getauften sei ein großer Unterschied; der Getaufte könne glauben. Sie hat dadurch ihre Sätze über den gebundnen Willen schwer gefährdet, da sich die Konsequenz nicht abwehren läßt, dieselben seien somit für die Kirche bedeutungslos, da diese aus Getauften besteht, und hat doch dadurch den Glaubensstand nicht bewahrt. Nicht deswegen reicht die Berufung auf die Taufe nicht hin, weil sie nicht das ganze Evangelium und die unzerteilte Gnade darböte, aber deswegen, weil das Sakrament nicht ohne das Wort zum Grund des Glaubens wird, weil das stumm bleibende Sakrament nicht Glauben schafft, sondern das mit dem Evangelium verbundne, aus Christi Wort verstandene, weil ein Glaube, der nur aufs Wasser sieht, nichts hilft, sondern nur der, der durchs Wasser auf Christus blickt, auf sein Versöhnen und Erlösen, und im Waſſer Gottes Werk erkennt. Gewiß durften die Theologen der Konkordienformel ſagen: du biſt getauft, kannſt alſo glauben, dies aber nur dann, wenn ſie dasſelbe auch vom Worte ſagten: Chriſtus wird dir verkündigt, du kannſt glauben. Das letztere wagt die Formel nicht, ſondern ſagt dem gebundenen, er könne zwar in die Predigt gehn und das Evangelium hören, aber glauben könne er nicht. Dieſer geknickte Gedanke, der die Glauben ſchaffende Kraft des Worts preisgiebt, und dafür ſich aufs Sakrament zurückzieht, hat nicht hingereicht, um den Glaubensſtand der Kirche zu erhalten, weil es immer offenkundig war, daß die vom Wort ſeparierte Taufe nicht Glauben ſchafft, weil der Gott- und Glaubensloſe trotz ſeiner Taufe ſich gott- und glaubens= los weiß, und weiß, daß er in ſeinem eignen perſonhaften Leben die Beziehung zu Gott gewinnen, Chriſtum hören muß und nicht in der Gnade ſteht, bis er ihn hört.

Während man im lutheriſchen Kreiſe ſich überwiegend durch die ſakramentale Weihe des ſonntäglichen Gottesdienſtes zum Glauben präparieren ließ, wird in der reformierten Kirche neben der Bibel vorzüglich der rechtſchaffne Wandel zu dieſem Zweck be= nützt. Auch der gebundne Wille hat immer noch eine gewiſſe Beweglichkeit und Wirkſamkeit; er vermag die Ausbrüche der Bosheit zu hindern, das Laſter zu vermeiden, mit Hülfe der Vernunft das weniger ſchlechte zu wählen, ſtatt des ſchlechteren. Werden dieſe Kräfte treu benützt, ſo ſtellen ſie ſich als eine Vorbereitung zum Glauben dar, der Gottes Gabe ſchließlich folgen wird. Dieſer Gedankengang wird dadurch befeſtigt, daß ſich auch die chriſtliche Heiligung als Zubereitung zum Glauben dar= ſtellt, da wir aus dem Gehorſam gegen das göttliche Gebot das gute Gewiſſen ziehen, das uns zum Vertrauen auf Gottes Gnade hilft.

Auch an dieſen Gedankengang ſchloſſen ſich ſchwere Schädigungen des Glaubensſtands. Man ſah oft in dem, was Chriſtus iſt und that, nicht mehr das zureichende Glaubensmotiv, wagte es nicht mehr, ihm zu glauben, ſondern ſuchte dasſelbe wenigſtens teilweiſe bei ſich ſelbſt und in der Güte der eignen That.

Es iſt leicht erkennbar, wie dieſe Gedankenreihen mit der Paſſivität, in welche die Gemeinde verſetzt iſt, ſich verſchmelzen und ſie begründen. Was ſollte der Glaubende thun? Gott thut ſein Werk in ihm ohne ihn; das, wodurch er es bei ſich ſelbſt und bei den andern fördern kann, ist der Gebrauch der Gnadenmittel mit Einschluß des Wandels nach Gottes Gebot. Das beschreibt auch den Dienst oder Schaden, der von einem auf den andern übergeht. Wir können uns gegenseitig zum äußern Gebrauch der Gnadenmittel und zum rechtschaffnen Handeln anregen, und schädigen einander dann, wenn wir einander von denselben abwenden. Die negativen Formeln dehnen sich auch auf die Aufgabe, die uns übertragen ist, aus: hindre Gottes Werk in den andern nicht, wie du es in dir selbst nicht stören darfst. So stehn wir nicht mehr neben dem ältern Bruder in Jesu Gleichnis, der dem andern den Zugang zur Gnade verwehrt; aber wir sind auch noch nicht ihre Boten. Wir „widerstehen nicht", aber wir dienen noch nicht.

Auch mit der Umsetzung des Glaubens in die Hoffnung auf das selige Sterben verbrüderten sich diese Gedankenreihen leicht. Auf diesem Standort bedarf man des Glaubens eigentlich erst im Sterben, und es stellt sich folgerichtig als der Sinn des Christenlebens dar, daß man sich bis dahin durch die Gnadenmittel und durch die Moralität zum Glauben präparieren kann.

Diese Unklarheiten im Bekehrungsbegriff setzen sich in der Lehre von der Heiligung fort.

5. Die negative Fassung der Heiligung.

Auch mit den Ausführungen über die „Heiligung" oder „Erneuerung" erhalten wir noch kein deutliches Bild von dem, worin unser Dienst Gottes zu bestehen hat. Diese Begriffe sind überhaupt nicht zur selben klaren Faßlichkeit durchgebildet, wie der Rechtfertigungsbegriff. Was die Alten sich als ihre Rechtfertigung dachten, vermochten sie deutlich zu sagen und darüber der Kirche ihre Gedanken in einer Form zu bieten, in der sie von ihr angeeignet werden konnten. Was „Heiligung" sei, bleibt unbestimmter. Im allgemeinen steht fest, daß sie die teilweise und zunehmende Beseitigung des Bösen und Einpflanzung des Guten in uns sei; es kommt jedoch auf das Bild der Vorgänge an, in denen sich diese Wirkung Gottes äußert. Die Schwierigkeiten sind teilweise im Gegenstand selbst begründet. Während der Rechtfertigungsbegriff auszusprechen sucht, was die göttliche Gnade für uns denkt, beschreibt der Heiligungsbegriff ein göttliches Handeln, das unser Wesen und Wollen von innen her bewegt. Der Gedanke Gottes ist uns aber faßlicher als sein Werk, das die Unzugänglichkeit des Wunders für uns behält. Andrerseits soll uns das Lehrstück von der Heiligung die Art unsers neuen Wollens beschreiben, somit demselben auch als Regel dienen, und verlangt deshalb, weil es die Praxis leiten soll, ganz besondre Durchsichtigkeit.

Die spätern Formeln beruhn auf Luthers Stellung, wie er sie z. B. im kleinen Katechismus im Anschluß an die Taufe zum Ausdruck bringt. Das Große an derselben ist dies, daß sie sich ohne Abzug auf dem Standort des Glaubens hält. Luther hat auch hier mit klarem Einblick in die Sätze der Schrift die Gnade als etwas Ganzes, als unzerstückelte Totalität bejaht. Nicht diese oder jene Äußerungen des Bösen, sondern „der alte Mensch" wird getötet, nicht diese oder jene Bethätigungen des Guten, sondern „der neue Mensch" wird erweckt. Demgemäß ist das Resultat der Heiligung ein vollständig positives: der alte Mensch wird nicht nur geschwächt oder gemindert, sondern stirbt „mit allen Sünden und bösen Lüsten," und der neue kommt hervor in ewiger Gerechtigkeit und Reinigkeit. Dies stellt sich nicht nur als ein künftiges und gehofftes Ziel dar, sondern als der Besitz des Glaubenden: heute wird der alte Mensch in den Tod, heute der neue ins Leben versetzt, und so Tag um Tag.

Auch mit ihrem negativen Satz, mit dem, was dem Glaubenden abgesprochen wird, bleibt Luthers Formel auf dem Standort des Glaubens. Diese totale Tilgung des Bösen und Entfaltung des Guten wird nicht dem Bestand unsers Wesens und Lebens einverleibt, so daß wir sie als fixiertes Eigentum besäßen und darum zur Sichtbarkeit und Offenbarung an uns bringen könnten. Sie hebt sich stets wieder als Ziel über das, was wir sind, empor; der Glaubende greift „täglich" nach demselben, nicht mit einem Griff ins leere, vielmehr stetig die den neuen Menschen schaffende Gnade ergreifend, doch nicht so, daß aus dem Ergreifen ein Besitzen würde. Sein Lebenslauf bleibt eine Bewegung, die unabläßig in ihr Ziel fährt, doch sich nicht in demselben hält und ruht, sondern Bewegung bleibt, somit immer wieder unter ihrem Ziel sich findet und sich aufs neue in dasselbe erheben muß, aber auch erhebt. Dem, was der Glaubende thut, ist eine totale Obmacht über das Böse eigen; er verneint es sieghaft, radikal mit unzweifelhaftem Erfolg; der alte Mensch ist tot. Ebenso ist in seinem Handeln eine ganze, makellose Gerechtigkeit eingeschlossen; der neue Mensch lebt in ewiger Gerechtigkeit. Aber das setzt sich nicht als Natur in uns fest, wird nicht in dem Sinn die Basis unsers Lebens, daß sich darauf ein neues, weitergreifendes Wollen gründen könnte, als könnten wir nun handeln als die, in denen der alte Adam für immer erstorben und der neue Mensch lebendig ist. Vielmehr bleibt die Überwindung des Bösen Wollung, und wird noch nicht Macht, ist ein geistlich vorhandenes, noch nicht auch leiblich ausgestaltetes, ist ein stetes Handeln, nicht eine ruhende Eigenschaft, ist ein totaler Sieg in dem, was es vor Gott in seiner ewigen Frucht ist, nicht in dem, was es in unsrem Erlebnis nach seiner zeitlichen Wirkung ist. In der Schätzung des Glaubens, der ermißt, was die Gnade aus uns macht, ist der neue Mensch lebendig, nicht am Maßstab der Erfahrung, die unsre Leistung mißt.

Auch die Spätern halten daran fest, daß die Heiligung die Beseitigung des alten und die Bildung des neuen Menschen sei, geben also dem, was die göttliche Gnade will und wirkt, Vollständigkeit. Darum werden auch die sämtlichen Vermögen des Menschen: Denken, Wollen und Trieb als das Objekt der Heiligung genannt. Dennoch erhält das Lehrstück eine andere Richtung. Während die Geschichte, die uns Luther als den innern Hergang des Christenlebens mannigfach beschreibt, im Geiste ihren Ort hat und durch unser Wollen geschieht, welches sich in Reue vom Bösen ab zur Gerechtigkeit hinwendet, und sich im Glauben im Blick auf die göttliche Gnade als „neuer Mensch" weiß, erläutern sich die spätern die Heiligung gern durch Analogien, die dem Naturprozeß entnommen sind: sie sei eine „Verwandlung," die im Wiedergebornen dadurch geschehe, daß „Kräfte" in ihn hineintreten und die Impotenz seines Denkens und Wollens teilweise durch neue Fähigkeiten ersetzen. Dadurch werden die Begriffe: „alter" und „neuer Mensch" undeutlich. Diese Menschen seien, meint Quenstedt, ein „gewisses Accidens" an uns, jener ein böses, dieser ein gutes und geistliches. Mit diesem mysteriösen Accidens ließ sich kein praktisch verwendbarer Gedanke mehr bilden.

Es greift hier das große Problem ein, das unser theologisches Denken stets begleitet, den Alten aber nicht als solches ins Bewußtsein tritt. Die beiden Anschauungen, die in der heiligenden

„Gnadenkraft" ineinander geschlungen sind, stammen aus verschiedener Wurzel und können sich, so unlöslich ihre Einigung ist, doch gegeneinander in eine gewisse Spannung setzen. In der „Gnadenkraft" sind Macht und Liebe als eins gesetzt, und sie können nicht voneinander getrennt werden, weil wir den Machtgedanken überhaupt nicht aus dem Gottesbild tilgen können, vollends nicht aus dem göttlichen Lieben. Ein kraft- und wirkungsloses Lieben schlägt in sein Gegenteil um, da es die andern und sich selbst nur unselig macht. Darum ist mit jedem Glauben die Gnade als Macht bejaht und oft besteht gerade darin das wesentliche der Glaubensübung, daß sie dem Lieben und dem Können Gottes die unteilbare Einheit läßt: „wenn du willst, so kannst du." Der Machtgedanke kann sich aber in unserm Bewußtsein vordrängen und das Auge vom göttlichen Lieben abwenden. Er ist aus der Natur geschöpft; denn durch sie empfangen wir den Kraftbegriff. Er setzt also das Gottesbild in Beziehung zum Naturprozeß, und giebt ihm das zum Inhalt, was uns die Natur sichtbar macht. Der Liebesgedanke stammt dagegen aus der andern Sphäre, aus der uns Gedanken zufließen, aus dem Geist, aus dem Leben und Weben der Persönlichkeit. Vereinigen wir beide in unserm Blick auf die Gnade, setzen wir sie als Macht und als Liebe in eins, so stehn wir vor dem überall uns begleitenden unergründlichen Geheimnis: Natur und Person geeint.

Es sind in dieser Hinsicht oft unklar gedachte, darum auch ungerechte Vorwürfe gegen die Alten erhoben worden. Es ist unverkennbar, daß ihr Gnadenbegriff seine geistige, personhafte Seite nie verliert. Ihr ganzer Gedankengang ist in die Voraussetzung eingetaucht, daß Gnade vollkommene Wohlthat sei, Offenbarung des göttlichen Liebens, dessen Herrlichkeit alle Worte übersteigt. Daneben steht, ohne daß hier ein Problem empfunden würde, die andere Gedankenreihe, daß die Gnade wie eine Naturkraft, ja mächtiger als jede Naturkraft, uns durchwalte. Es kann sich nicht darum handeln den einen oder andern Gedanken wegzuwerfen; denn wir selbst sind beides, Natur und Person, und dies in fester Einigung. Wir können aber kein Gottesbild in uns tragen, durch das unser eignes Wesen vernichtet würde. Darum ist unserm Denken dies zur Aufgabe gegeben, daß wir in unserm Blick auf Gott die Einheit der Kraft und der Liebe unzerteilt lassen. Wenn der Kraftbegriff, den uns die Natur gewährt, sich selbständig macht, dann freilich trübt sich unser Gottesbild. Dann versetzt es uns nur noch in die Passivität, und unsre Aufmerksamkeit wird vom Dienst Gottes abgelenkt. Denn „Dienst" gehört zu denjenigen Gedanken, die aus dem personhaften Leben stammen. Vom Dienste Gottes läßt sich nur reden bei einem vollkommen personhaft gearteten Gottesbild. Wo es eine mehr naturhafte Färbung erhält, erzeugt es das Bewußtsein der Freiheit, der Berufung zum Dienst, nicht mehr, sondern erschöpft sich im Bewußtsein der Abhängigkeit.

Damit, daß die heiligende Gabe Gottes als eine gewisse Summe von Heiligungskräften beschrieben wird, die uns eingepflanzt werden, war nicht nur ein Überwiegen des Quietivs gegeben, sondern es verblaßt auch die principielle Bedeutung des christlichen Handelns, nach der wir uns stetig als alte Menschen in den Tod, als neue ins Leben setzen. Dafür treten die einzelnen guten Regungen in den Vordergrund, in denen allmählich und stückweise die Wirksamkeit der Heiligungskräfte zu Tage tritt. Diese einzelnen Heiligungsakte werden mit ihrem vollkommenen Ziele dadurch verbunden, daß sie als ein anbauernder und zunehmender Prozeß erscheinen, der uns allmählich seinem freilich erst jenseits erreichbaren Ziele entgegenführt. In der von Luther vorangestellten Anschauung stellt sich das Christenleben als eine Kette von Handlungen dar, von denen jede eine Totalität ist, jede im gewissen Sinne dasselbe Ganze, jede das Aufstehn des neuen Menschen und Untergehn des alten nach seinem ganzen Bestand. Das Nein, das wir dem Bösen entgegensetzen, ist immer nach seinem Sinn und Ziel ein ganzes Nein, das den ganzen alten Bestand unsres Lebens trifft, das Ja, das demselben zur Seite steht, immer ein ganzes Ja, das dem ganzen Bestand unsers Lebens Neuheit giebt. Damit ist keineswegs ausgeschlossen, daß dieses Untergehn und Aufstehn nicht nur mit dem wechselnden Anlaß in immer neuer Art, sondern auch im Fortgang des Lebens mit wachsendem Reichtum und zunehmender Kraft geschieht, so daß wir das göttliche Geben im heiligen Geiste dadurch erleben, daß eine Äußerung unsers bösen Willens nach der andern untergeht und eine Regung unsers neuen Willens nach der andern sich entfaltet. Die Spätern wissen aber den ins Ganze greifenden Sinn des christlichen Handelns, seine „Vollkommenheit," nicht anschaulich zu entfalten; vielmehr überwiegt eine Betrachtung der Heiligung, die sie als eine Ansammlung von begrenzten Wirkungen faßt, von denen jede nur eine teilweise Tilgung des Bösen und teilweise Erweckung des Guten sei. Darum sei man heut geheiligter als gestern, oder auch weniger geheiligt als gestern, wie auch der eine geheiligter als der andre sei.

Damit wird die Anwendbarkeit dieser Sätze zur Leitung unsers Handelns geschwächt. Denn auf dem sittlichen Gebiet sind nur die absoluten Maßstäbe brauchbar, die aufs Böse ein ganzes Nein, aufs Gute ein ganzes Ja anwenden; alle gebrochnen Bestimmungen erzeugen, obwohl sie sich scheinbar dem reellen Bestand unsers Lebens anschmiegen, unlösliche Schwierigkeiten. Es wird für diese Formeln völlig unbestimmbar, was von unsrer Bosheit nach Gottes Willen bleiben und was von derselben weggethan werden soll. Wie sich aus dem geknickten Bekehrungsbegriff die Frage ergab: wo geht das „boshafte Widerstreben" gegen Gottes Berufung an? so stehn wir hier vor einer ähnlich verwirrenden Unsicherheit: wo ist die Grenze, die unsere von der Heiligung noch geduldete Bosheit bestimmt?

Auch die Beziehung des Glaubens auf die Heiligung wird durch das Überwiegen der physischen Kategorien verändert. Nach der Betrachtung, die Luther im Katechismus giebt, ist die Heiligung ein glaubensvolles Handeln. Denn die Würdigung dessen, was wir täglich thun, als Untergang des alten und Aufgang des neuen Menschen, läßt sich lediglich durch den gläubigen Blick auf Gott gewinnen. Nur um des willen, was Gott von uns denkt und für uns thut, ist unsre Reue das Untergegangensein des alten Menschen, und unser Gehorsam das Hervorgetretensein des neuen in ewiger Gerechtigkeit und Reinigkeit. Das erhalten sich die Spätern nur noch in dem Satz, daß der Glaube dasjenige an unsern guten Werken sei, was sie vor Gott als gut erscheinen lasse. Damit ist der Glaube durch das Handeln hindurchgeführt und dieses stets als glaubensvoll gedacht. Sonst lockert sich aber bei ihnen der Zusammenhang zwischen dem Glauben und der Heiligung. Sie sondert sich als eine Folge und Wirkung des Glaubens von diesem ab, folgt ihm nach und steht darum neben ihm. Ihr Verhältnis zum Glauben wird anders gedacht als dasjenige der Rechtfertigung. Diese bildet das Glaubensmotiv, denn sie ist diejenige Gabe Gottes, die wir glaubend bei Gott suchen und als von ihm uns gegeben bejahen. Wird gefragt: warum wir uns zu Christus wenden, so ist die Antwort die: weil er uns vergiebt. Es steht nicht mit derselben Klarheit der Satz daneben: wir glauben ihm darum, weil er uns heiligt; das folgt vielmehr als ein zweites dem Glauben nach.[1])

Auch hier kommt in herrlicher Reinheit, vom Zeugnis der Schrift genährt, die reformatorische Buße zum Wort. In ihrer Schätzung ist unsere Schuld der über unser Leben entscheidende Faktor, und ihre Tilgung darum die Gnadengabe Gottes, in der eine solche Fülle von Gnade und ein so herrliches Kundwerden seiner Liebe zu uns enthalten ist, daß der Glaube keines andern Motivs bedarf, sondern im göttlichen Vergeben seinen vollkommenen Grund und ganzen Inhalt hat. So verhält es sich in der That. Nur das eine ist hierbei zu beachten, daß das negative Verhalten Gottes: daß er uns nicht zürnt, uns verzeiht, uns unsre Schuld nicht anrechnet, von der zu ihm gehörenden Position nicht geschieden werden kann, sonst wird der bloß negativ gefaßte Gedanke inhaltslos.

Um überhaupt den Glaubensstand zu erreichen und das Entstehn des Glaubens zu sichern, haben die Alten die kraftvolle Unterscheidung von Rechtfertigung und Heiligung durchgeführt und den Blick auf die Vollkommenheit des göttlichen Vergebens fixiert. Das entbindet aber nicht von der Pflicht, daß der positive Wille Gottes in seinem Vergeben erkannt werde. Das, was der Vergebende will, giebt und thut, ist unsre Heiligung. Gott verwirft uns nicht; wie? dadurch, daß er uns zu sich zieht. Er straft uns nicht; wie macht er dies? dadurch, daß er uns erneuert; würden wir nicht erneuert, so wären und blieben wir gestraft. Er nimmt unsre Schuld uns ab; wie? dadurch, daß er das Gute in uns schafft; blieben wir in der Bosheit, so blieben wir auch in der Schuld. Der Vergebende macht unser Böses folgenlos; das erste, wichtigste, alles übrige bedingende Ergebnis des Sündigens ist aber die Sünde selbst; indem auf unser Böses statt Böses Gutes folgt, wird Gottes Verzeihen von uns erlebt.

Wir suchen von Gott nicht eine neue, andre, zweite Gnade neben dem Vergeben, wenn wir die Heiligung von ihm erbitten, sondern begehren damit nur, daß er uns sein Vergeben genießen

---

[1]) Hollaz: Die Erneuerung ist nicht ein articulus fidei constituens, wie die Rechtfertigung, sondern nur ein a. f. consequens, prolog. II quaest. 20.

lasse und als der, der uns verziehen hat, an uns handle. Dies geschieht schon dadurch, daß er uns Glauben gewährt. Denn indem statt unsers Unglaubens mit der Unkenntnis Gottes und dem Widerwillen gegen ihn der gläubige Blick auf Gott in uns entsteht, so ist uns unsre Bosheit nicht angerechnet, vielmehr in der inwendigen Gestalt unsers Lebens für uns folgenlos gemacht und Gottes Verzeihen dadurch von uns erlebt worden. Wir genießen es weiter in allem, was sich unserm bösen Wollen als Damm und Gegenwirkung widersetzt und gutes Wollen in uns schafft. Demnach ist unser Glaube zur Vergebung und zur Heiligung in dieselbe Beziehung gesetzt; es bildet im selben Sinne unsers Glaubens Gewißheit und Anliegen, daß Gott uns heiligt, wie es unsers Glaubens Inhalt und Begehren ist, daß er uns verzeiht. Dem genügen die Formeln der Alten nicht ganz, da sie das Glauben unmittelbar nur mit der Rechtfertigung verbanden und mit derselben zu seinem Ziele brachten und in die Ruhe treten ließen, worauf nun als dessen Frucht die Heiligung eintreten wird.

Da der Rechtfertigungsgedanke das Interesse der Alten beherrscht, haben sie den Heiligungsbegriff demselben darin gleichförmig gemacht, daß sie auch bei der Heiligung nur an den einzelnen Menschen in einsamer Abgeschiedenheit von allen Gemeinschaftsverhältnissen denken. Es liegt ein großer und kostbarer Erwerb der Reformationsjahre darin, daß Gottes Gnade auf jeden einzelnen bezogen und jeder Persönlichkeit für sich ein ewiges Gut und Ziel gegeben wird, zu dem sie die göttliche Gnade hinleitet. Unsre äußern Verhältnisse bedingen für den Blick der Alten die Erreichung dieses Zieles nicht: Gott ist es, der sein Bild in uns schafft und uns dadurch Heiligkeit verleiht. Dabei bleibt aber zurückgestellt, daß unsre Gemeinschaftsverhältnisse für unsre Heiligung eine andere Bedeutung haben als für unsre Rechtfertigung. Das Schuldproblem, zu dem die Rechtfertigung die Lösung giebt, fällt ausschließlich in unser Verhältnis zu Gott, da die Rechtfertigung durch Gott uns völlig schuldfrei macht, jede Beschuldigung von andrer Seite aufhebt und uns allen gegenüber das Anrecht auf Vergebung giebt. „Wer will beschuldigen? Gott ist's, der rechtfertigt." Das Werden unsers guten Willens, in dem unsre Heiligung besteht, berührt dagegen unmittelbar unsre Beziehungen nach außen, weil diese unserm guten oder bösen Wollen seinen Stoff geben. Ein Heiligungsgedanke, der uns von allen unsern

Beziehungen abgesondert anschaut, bleibt darum notwendig unbestimmt und muß es dem „Leben" überlassen, wahrzunehmen, worin das Gute, das Gott uns giebt, bestehe und wie es in uns entstehe. Bei der nach innen gewandten Richtung der alten Lehrbildung könnte man erwarten, daß die Erhebung aller unsrer inwendigen Kräfte zu Gott hin die konkrete Füllung des Heiligungsgedankens bildete. Aber gerade diese Seite desselben wird nur kümmerlich ausgebildet,[1]) weil der Glaube als der Grund unsrer Heiligung ihr bereits vorangestellt ist. Wir sind also schon vor derselben inwendig Gott zugewandt und haben den Höhepunkt unsrer Beziehungen zu ihm bereits erreicht. Da unser auf Gott gerichtetes Denken und Wollen unter dem Titel „Glaube" sich von der Heiligung absondert und ihr vorangesetzt wird, und unsre Beziehungen zu den Menschen nicht als ihr wesentlicher Inhalt hervortreten, lag es immer nahe, die Regelung unsrer Sinnlichkeit als ihre Hauptwirkung anzusehen. Kommt die Weise, wie wir uns zu Gott und wie wir uns zu den Menschen stellen, nicht in Frage, so hebt sich um so mehr derjenige Punkt in unserm Leben hervor, an dem außerdem noch ein stechendes Schuldbewußtsein entsteht und Hilfe uns unentbehrlich ist: das ist die Übermacht und Verkehrung unsers Trieblebens.

Nicht nur in der frommen Praxis, sondern auch in den theologischen Sätzen kommt dies dadurch zum Ausdruck, daß es z. B. von Quenstedt als das auszeichnende an der heiligenden Gabe im Unterschied von der Wiedergeburt und Bekehrung hervorgehoben wird, daß jene auch die Triebe, den appetitus sensitivus, erfasse, während durch diese nur unser Erkennen und Wollen von Gott bewegt und gestaltet seien. Demgemäß entfaltet man in beiden Kirchen den Heiligungsgedanken regelmäßig durch die Sätze über den: „Kampf des Geistes gegen das Fleisch;" am Fleische haftet aber, wenn auch nicht ausschließlich, so doch stets eine kräftige Beziehung auf die Sinnlichkeit.

Ihre Reinigung und Regierung ist ohne Frage für unsern Lebenslauf von der höchsten Bedeutung. Allein eine Beschränkung des Blicks auf diese Aufgabe war dennoch immer dem Heiligungsgedanken nachteilig und der Aufmerksamkeit auf das, was unsern Dienst Gottes bildet, hinderlich. Die Heiligung erhält dadurch

---

[1]) Wo das kräftig hervortritt, geht die Orthodoxie in den Pietismus über.

nur einen abwehrenden negativen Sinn, da wir für die Naturseite unsers Seelenlebens nur das eine bedürfen, daß das Übermaß gedämpft und die falschen, zehrenden Gebilde zerstört werden. Sind die störenden Elemente entfernt, so treten die positiven Werte unsers natürlichen Lebens von selbst hervor. Darum behält bei den Alten der Heiligungsgedanke eine Tendenz zu negativen Formeln: wie heiligt man sich? dadurch, daß man nicht sündigt; Heiligkeit sei Sündlosigkeit, und, wie es Calvin und nach ihm der Heidelberger Katechismus einfach formuliert haben, die Buße sei die Heiligung.¹) Das begünstigte wieder die Erläuterung der Gnade durch die Analogie mit den Naturkräften. Weil der sinnliche Trieb als Naturkraft auf uns wirkt und sein Ergebnis vom Stärkegrad seines Reizes abhängt, macht sich die Gnade, die uns gegen ihn die Hilfe bringt, den Naturpotenzen ähnlich. Sie wird als Macht gesucht und empfangen, welche unsre Sinnlichkeit reinigend durchwaltet und umbildet.

Endlich steht mit dem negativen Zug im Heiligungsgedanken im Zusammenhang, daß er bei den Alten nur rückwärts schaut, auf das Böse, das schon in uns vorhanden ist. Aus der vorreformatorischen Theologie wird die Formel hinübergenommen, daß sie sich auf den durch Wiedergeburt und Rechtfertigung noch übrig bleibenden „Rest" der Sündhaftigkeit, auf die reliquiae peccati, beziehe. Daß die Gnade vorwärts schaut, uns neue Ziele und neuen Willen giebt, uns dazu heiligt, damit wir die mit dem Eintritt in den Christenstand neu an uns herantretende Versuchung überwinden und die neu aus ihm entspringenden Aufgaben erfüllen, liegt nicht in diesem Gedankengang. Er sucht die Restauration dessen, was verdorben ist, die Heilung des Gebrechens, an dem wir kranken. Ist die in die Natur des Menschen eingedrungene Störung wieder aufgehoben, so ist das Verlangen der Alten gestillt.

Mit nur negativen Zielen hat aber der Dienst Gottes noch nicht den Inhalt gewonnen, dessen er bedarf. Er wird erst mit positiven Zielen möglich, erst dadurch, daß wir etwas zu thun haben, und nicht schon dadurch, daß vieles nicht an uns geschieht, noch durch uns geschehen soll. Je mehr die nur negativen Formeln

---

¹) Vgl. den oben citierten Satz des Musäus: beten, meditieren, das Fleisch kreuzigen. Ähnliches ist überaus häufig.

überwiegen, um so mehr tritt der Glaubende in die Ruhe. Was traut er Gott zu? Daß er seine Sünde nicht ansieht, und daß er sie nicht über ihn herrschen läßt. Dies sind nicht leere Nein, vielmehr große Realitäten, absolute Werte, aber sie sind isoliert von ihrer Position kein Ganzes. Christus sagt uns, daß er uns dazu gegeben sei: „damit jeder, der an ihn glaubt, **nicht verloren gehe**" — das ist der negative Inhalt des Glaubens, den die Alten kräftig faßten; dazu fügt er aber ein: „**sondern**," das nicht nur eine Verheißung ausspricht, sondern eine Gabe zeigt, und seine Gabe stellt den Glaubenden in die Aktivität.

6. Die Heiligung des Gedankenlaufs durch die Kenntnis der Bibel.

Fragen wir genauer, was uns die Heiligung gebe, so lautet die Antwort: „gute Werke!" Diese Formel umfaßt bei den Alten keineswegs nur die nach außen vollzognen Thaten, sondern auch das ganze, reiche Gebiet der inwendigen, Gott zugekehrten Vorgänge. Schon dies zeigt, wie summarisch die Betrachtung blieb. Weder unser inwendiger, noch unser an den Menschen geübter Gottesdienst kommt bei dieser Vermengung zur klaren Darstellung.[1]) Sie rührt daher, daß alle diese Funktionen nur in ihrem Verhältnis zum Glauben angeschaut werden, nur in der Absicht, sie als die „Früchte des Glaubens" diesem unterzuordnen, damit sie nicht als Surrogat desselben gelten und sein Entstehn verhindern.

Die Vorbedingung zum Ausbau des Heiligungsbegriffs ist die Einsicht in die Heiligung unsers Gedankenlaufs. Mit dem Glauben ist uns ein Denken gegeben, dem das Merkmal der Heiligkeit eigen ist: wir haben dadurch unter unsern geistigen Gebilden ein Gottesbild, tragen ein Gottesbewußtsein in uns, haben ein Blicken auf Gott gelernt. Wie unser Gottesbild nach

---

[1]) Das schlimmste war die ungenügende Behandlung der Lehre vom Gebet, das zum Glauben, zur Buße, zur Heiligung in gar keine innerliche, straffe Verbindung gesetzt wird, sondern in beiden Kirchen gleichmäßig hinter den guten Werken zusammen mit dem Kreuz erscheint, als müßte ein Christ glauben, Buße thun ꝛc. und außerdem auch noch beten. Es kommt nicht zur klaren Darstellung, daß die Bedeutung dieser Funktionen eben darin besteht, daß sie das geheiligte Gebet erzeugen und daß dieses ihnen ihre wirksame Macht verschafft.

Reinheit und Reichtum geartet sei, mit welcher Stärke und Stetigkeit es in uns scheine, das hat für unsern Lebenslauf entscheidende Wichtigkeit. Daß es sich nicht unbeweglich, stets sich selber gleich, durch denselben durchzieht, sondern an seiner Bewegung Anteil hat, jetzt zurück= dann hervortritt, hier sich bereichert und verklärt, dort entartet, zeigt uns unser aller Erlebnis, auch wenn wir uns gar nicht nach den mannigfaltigen Gebilden der Kirchengeschichte umsehen, wie sie hinter uns in der Vergangenheit und neben uns in der Gegenwart stehen. In diese Bewegung muß unser Gottesbild notwendig eintreten, weil wir es von dem, was uns unsre Erfahrung zuleitet, nicht abgeschieden halten dürfen. Machen wir es zur Wirklichkeit, die unsern Lebenslauf füllt, beziehungslos, so fallen wir in Verneinungen Gottes, die ihn von dem, was wir thatsächlich sind und thun, als abwesend entfernen. Woher aber unser Blick auf Gott seine Füllung schöpft, mit welchen Erlebnissen wir ihn verbinden, wie er sich z. B. auf Jesus richtet, wie auf die Bibel, ob er sich mit unserm Gewissen hell und innig verbindet, wie sich unser Naturbild mit ihm einigt, was andrerseits an unsern Gedankenreihen von ihm abgestoßen und mit deutlichem, kräftigem Widerspruch bestritten wird, das sind alles Anliegen von der größten Wichtigkeit. Sie bilden ein stetes Geben, zu dem wir in unserm Verhältnis zu Gott berufen sind: sein Bild haben wir ihm zurückzugeben, weil und wie wir es von ihm empfangen haben, als die von ihm gekannten und gemachten ihn zu kennen, überall da, wo sein Wirken uns berührt, auf ihn zu blicken, weil und wo er auf uns blickt.

Die Formeln, die uns die Alten für dieses Gebiet unsers Lebens zubringen, sind wenig ausgebildet. Sprechen sie von der Erleuchtung, so denken sie nur an dasjenige Erkennen, durch welches wir Christi Versöhnungsgnade sehen. Daß wir noch andre Gedanken zur Führung des Christenlebens bedürfen als das Andenken an Christi Tod, und wie wir zu diesen andern Gedanken kommen, und dies so, daß sie als Strahlen des göttlichen Lichts in uns leuchten, das bewegt ihr Interesse nicht, weil es ausschließlich in dem einen ruht, daß wir Christus als den Geber der Gnade bejahen, d. h. darin, daß wir zum Glauben kommen.

Die Kasuisten sind immer lehrreiche Zeugen für das, was in der Kirche lebendig ist. Amesius kommt aber de casibus conscientiae erst vom Gehorsam aus zur Gedankenbildung, zur scientia, weil „zum Gehorsam einiges Wissen vor allem erforderlich ist." Weil es für ihn nur als Vorbereitung zum Werk Bedeutung hat, wird es nur als Blick nach außen in die Welt hinein gedacht. Daher besteht das einzige Anliegen, über das er spricht, in der richtigen Bestimmung seines Umfangs. Wir haben sowohl eigenwillige Ignoranz, als maßloses Grübeln zu vermeiden, dazu die kranke Steigerung des Selbstgefühls, die sich an das Erkennen heften kann. Damit sind allerdings einige Probleme genannt, welche jede Gedankenbildung, die durch den Blick auf Gott bewegt ist, bewältigen muß; welche Fülle von Zielen und Aufgaben sich uns hier stellt, bleibt aber noch ganz verdeckt.

Warum? Es lag den Alten am Glauben an Christus. Darum stehn sie in der Abwehr gegen alle willkürlichen Gestaltungen des Gottesbilds, deren Stoff wir uns selbst phantastisch bilden, nicht minder gegen die verkümmerten Formen desselben, die ihm als bloßer Ahnung oder Empfindung nur eine dunkle Ecke des Bewußtseins anweisen. Sie richten unsern Blick aufs Wort, damit auf die Geschichte, aus der dasselbe stammt und von der es zeugt, damit aus Gottes Wort und That unser Bild Gottes Wahrheit empfange. Diesem Gesichtspunkt haben sie den ganzen Betrieb der Theologie und die ganze Führung des Christenlebens mit ergreifendem Ernst unterstellt. Es giebt im Grunde für sie nur eine einzige religiöse Frage: was sagt die Schrift? Was sie sagt, ist für ihren starken, oft auch gehorsamen Glauben eben dadurch, daß sie es sagt, als gewisse Wahrheit dargethan. Sie hörten in der Bibel Gott, waren also gewiß, daß sie nach Gottes Sinn denken, geheiligt denken, wenn sie denken, was die Bibel sagt. Das bringt sie in die Ruhe.

Bei der Gleichsetzung des geheiligten Denkens mit der Kenntnis der Schrift stellt sich aber wieder dieselbe Frage, wie oben bei der Begründung der Kirche durch das Wort: tritt das Wort nur an den Hörer heran? oder in ihn hinein? Ist es geglaubt, solange es nicht unser Wort wird, und ist es das unsrige geworden, wenn unser Denken nur darin besteht, das Schriftwort zu wissen, unser Sprechen nur darin, das Schriftwort zu sprechen? Will nicht das uns gesagte Wort ein Eingedenksein Gottes in uns erzeugen, das unser Denken an ihn ist, wodurch es zu unserm übrigen geistigen Besitz notwendig in Beziehung tritt?

Wir stehen hier vor dem innern Grund, warum es nicht zu einer fortlebenden, wachsenden Theologie bei den Alten kam, sondern nur zu einer allmählich verhallenden Verteidigung dessen, was die Reformationsjahre gegen die frühere Kirche erworben haben.[1])

Daher rührt auch die Thatsache, gegen die seit Ritschl Klage erhoben wird, daß man sich da, wo der Glaubensstand zu einem lebendig sich entfaltenden Gedankenleben führte, an vorreformatorischen Theologen, wie Augustinus, Bernhard und Tauler, nährte. Da die abstrakte, geschichtslose, von der Realität der Dinge abgewandte Art der griechischen „Kontemplation" nicht überwunden wurde, entstanden freilich durch ihre Verbindung mit dem Erwerb der Reformation gemischte Gebilde, denen es an Einheitlichkeit gebricht. Sie haben aber nicht nur die Lücke im geltenden Lehrgang fühlbar gemacht, sondern dieselbe auch mit dem besten, was in der Kirche vorhanden war, ausgefüllt.

In der offiziellen Dogmatik kam auch hier nur die passive Seite des Glaubensstandes zur Durchbildung. An der Gabe haftet das Auge der Alten, die uns zur Aneignung sich darbietet, am Stoff, den wir als Gottes Geschenk in uns aufnehmen können, an dem uns gegebenen Gotteswort, in dessen Kenntnis sie beruhigt sind. Auf die Weise, wie wir diesen Stoff haben, wie er sich in unserm eignen Denken reflektiert, richten sie keine Aufmerksamkeit. Sie geben uns nur den einen Satz, daß Gott selbst den Glauben an sein Wort in uns schaffe, indem der heilige Geist uns dasselbe bezeuge und uns ihm gegenüber Gewißheit gebe. Weil der Prozeß unsrer Aneignung und Reproduktion des Bibelworts unbeachtet bleibt — und wie konnte er beachtet werden, solange alles, was neben dem Glauben in uns existiert, nur unter dem Sammelnamen „gute Werke" verhandelt wird? — sieht es oft so aus, als sei es mit einer generalen Zustimmung zum göttlichen Wort ein für allemal gethan und dadurch schon

---

[1]) Es ist irreführend, die Stellung der Alten als „Intellektualismus" zu definieren. Stellt man Hollaz neben Melanchthon, Coccejus neben Calvin, oder diese nebeneinander, so macht die geringe Veränderung in ihrem Gedankenkreis handgreiflich, daß die intellektuellen Interessen nicht die Führung haben. Nie gab es in der Kirche eine Zeit, wo man sich ernsthafter und erfolgreicher bemühte, die Strebungen des Intellekts an dem, was man hatte, zur Ruhe zu bringen, als diese anderthalb Jahrhunderte.

der ganze Inhalt der Bibel unser Eigentum geworden und in unsern Gedankenlauf eingeführt. Daß hier jedem Glaubenden, wie der Kirche als Ganzem, ein Geschäft, eine Arbeit übertragen ist, daß er an der Schrift göttlich denken lernen muß, und daß es von Wichtigkeit ist, ob und wie er dies lerne, sagen uns die Alten nicht.

Nur an der Stelle, wo unmittelbar das Entstehn des Glaubens in Frage kam, dort freilich mit nachdrücklichem Ernst, haben sie sich bemüht, den Eingang des Schriftinhalts in unser Selbstbewußtsein, durch den er zu unserm eignen Gedanken wird, zu sichern. Sie nehmen auf eine Zustimmung zum Evangelium Rücksicht, bei der es auf das Bild, in welchem wir uns selber sehen, einflußlos bleibt, und die Art, wie wir unsre eigne Sünde und unsern eignen Anteil an der Gnade schätzen, nicht bestimmt. Eine solche Scheidung zwischen dem Schriftwort und derjenigen Gedankenreihe, die unser eignes Bewußtsein ausmacht, haben sie abgewehrt und nicht als Glaube im heilsamen Sinne anerkannt. Gläubig sei unser Blick auf Christus erst dann, wenn wir sein Versöhnen und Erlösen auf uns beziehn und ihm das Maß ent= nehmen, mit dem wir das schätzen, was wir selber vor Gott sind. Allein dieses Hineinstrahlen des Worts in unser eignes Denken, welches uns sehen läßt, was wir durch Christus sind, zeichnet doch nicht bloß den Rechtfertigungsbegriff aus. Damit ist ein wichtiges, Entscheidung stiftendes Glied, doch nur ein Glied, am innern Lebensprozeß hervorgehoben, nicht aber sein Ganzes ins Auge gefaßt.

Als Hilfe zum Gewinn christlicher Einsicht bot sich dem Glaubenden die kirchliche Lehrbildung an. Indem die Kirche für ihn denkt und er mit der Kirche denkt, lernt er gläubig denken. Die Weise, wie die Alten sich zur Bibel stellten, überträgt sich aber unmittelbar auch auf ihre eigne Lehrbildung. Ihr Auge haftet nur am Stoff. Wie sich derselbe dem Einzelnen vermittle, wie er sich denselben aneigne und als sein eignes Denken in sich erneuere, das hebt sich nicht als Frage und Anliegen hervor. Es gilt als selbstverständlich, daß der Glaubende denke, was die Kirche denkt, da er ja in derselben steht, gerade wie es als selbstverständlich gilt, daß er denke, wie die Bibel denkt, da er ja an dieselbe glaubt.

Häufig wird bei der Bildung der Lehrsätze auf das Glauben

reflektiert, stets jedoch mit starker Betonung nur auf seine beruhigenden Wirkungen. Es bildet den Maßstab der Alten, den sie auch in der Polemik beständig brauchen, ob sich ein Gedanke als Begründung des Glaubens oder als ihm widerstrebend erweise. Dient er dem Glauben nicht zum Grund, so ist er als falsch, als schriftwidrig, als Christo fremd erwiesen. Dieser Gesichtspunkt ist vollständig richtig: Gottes Wort schafft Glauben und jede Fassung desselben, die ungläubig macht, ist schon dadurch widerlegt. Hierbei macht sich aber anschaulich sichtbar, wie kräftig, aber auch wie ausschließlich der Glaube als Quietiv empfunden wird. Die Frage der Alten ist immer die, ob ein Gedanke geeignet sei, das geängstigte Gewissen zu trösten und uns in den Frieden Gottes zu stellen, oder ob er unsre Ruhe störe oder erschwere. Auf die bewegende, Denken gebende, Willen schaffende, stärkende Seite der Wahrheit richtet sich der Blick nicht hin. Auch dieses Kriterium ist keineswegs falsch; alles, was von Gott her zu uns kommt, ist in seinen Frieden eingetaucht, und wir haben daran eine sichere Anleitung zur Prüfung der Geister und der Gedanken, ob sie dem Frieden Gottes dienen oder ihn stören. Beengend wirkte nur dies, daß diese Gabe des Evangeliums allein als wertvoll gilt.[1])

Wie tief hier die Schädigungen griffen, das zeigt sich in der Frage, zu welcher der Reichtum von Gedanken, der in der Schrift und in der kirchlichen Überlieferung enthalten ist, die Alten treibt: „was ist nun von dem allen zu glauben notwendig?" Die Frage war völlig falsch, als setzten wir mit unsrer Auswahl fest, was wir glauben. Was uns als Wahrheit faßt, das wird von uns geglaubt, und was uns nicht faßt, das können wir nicht glauben, mögen wir uns anstellen wie wir wollen. Es ist darum völlig unmöglich, daß es irgend eine Wahrheit geben könnte, die wir nicht glauben müßten, sowie sie in unsre Wahrnehmung tritt. Es konnte nur darum zu dieser falschen Fragestellung kommen, weil sie den Eingang des Lichts und der Wahrheit in unser Er-

---

[1]) Es war ein Ergebnis des Pietismus, daß Rambach nach Freylinghausen bei jedem theologischen Satz nicht nur erstens den Trost, den er gewährt, sondern auch zweitens die Pflicht, zu der er beruft, auseinandersetzt. Unzulänglich ist bei ihm aber der Dualismus, in den die beiden Zwecke des Evangeliums auseinanderfallen.

kennen und dessen Ausbreitung in einem reichen, geheiligten Gedankenleben beständig mit dem Glauben zusammenwarfen. So gewiß zwischen unsrer Erkenntnis und unserm Glauben die engsten gegenseitigen Beziehungen walten, sie müssen doch unterschieden werden, und ihre Unterscheidung drängt sich den Alten mit jener Frage auf, da sie nicht den Besitz des ganzen theologischen Systems zur Heilsbedingung machen wollten. Sie konnte aber in dieser Form nicht zur Klarheit kommen, weil es durch diese Fragestellung verdunkelt wird, daß der Glaube nicht nach einem vielerlei von Objekten fährt, sondern nur einen einzigen Gegenstand hat, Gott, und zwar den Gott, der für uns der gebende wird, den gnädigen Gott. So kommt es zwischen dem Reichtum von Objekten und Interessen, die unser Denken bewegen, und der Geschlossenheit des Glaubens, der nur ein Interesse hat, zu einem Kompromiß, der weder dem Erkennen seine Fülle, noch dem Glauben seine Einheit ließ, sondern aus dem großen Inhalt des „Glaubens" einen kleineren Kreis von Wahrheiten abzugrenzen suchte, die man nun „notwendig" glauben muß.

Damit war der Übergang der Kirche in die rationale Haltung entschieden. Wurde einmal bei dem, was unser Blick auf Gott zu umfassen vermag, ein Unterschied gemacht zwischen dem, was nicht notwendig geglaubt werden müsse, und dem, was notwendig zu glauben sei, dann stellte sich nur das letztere als der wesentliche Besitz des Christen dar und ersteres fiel unvermeidlich aus der Aufmerksamkeit hinaus. Es lag in der Natur der Sache, daß die „Geheimnisse" zu dem gehörten, was entbehrlich sei. Die Freude am Reichtum des göttlichen Worts und Werks wird durch die Tendenz getilgt, das Minimum von Kenntnis Gottes festzustellen und festzuhalten, mit dem man durchs Leben und in den Himmel kommen kann. So wurde der Christus entbehrlich; man kam mit der väterlichen Güte Gottes aus. Wir haben diese Richtung der Theologie und Kirche **auf das Minimum der Kenntnis Gottes** bei weitem noch nicht überwunden.

Lebhafter als auf die Gedankenbildung richtete sich die Aufmerksamkeit der Alten darauf, daß uns die Schriftwahrheit durch die Sensation innerlich zu eigen werden muß. Schon bei der Buße wird auf das Hervortreten der Empfindung, auf das Erschrecken des Gewissens, von Luther an ein starker Nachdruck gelegt; sie wird zur Unterscheidung der echten Reue von der Heuchelbuße be=

nützt. Demgemäß wird an dem, was der Glaube in uns wirkt, die Freude in Gott kräftig betont.¹) In dieser Richtung bewegt sich das Streben des Pietismus, der mit seinem Dringen auf die Sensation ein echtes Kind der ältern Lehrbildung ist und von ihr nicht verleugnet werden kann. Nun ist zwar das Hervortreten der Sensation, das Empfindlichwerden unsrer Gedanken, keineswegs ein gleichgültiges Ereignis, auch nicht bloß ein Leiden, vielmehr auf den Verlauf unsrer Gedanken- und Willensbildung höchst einflußreich und auch seinerseits von demselben bedingt. Gleichwohl ist damit diejenige Seite des Lebens in den Vordergrund gestellt, die nicht das Ziel unsrer Thätigkeit, unsres Berufs und Dienstes ausmacht. Echte Sensation beginnt, begleitet und krönt als uns zufallendes Geschenk das, was wir thun, ist aber nie das, was von uns selber hervorzubringen ist.

Die Lücke, die bei den Alten in der Heiligung unsers Denkens offen blieb, ist durch den Gang der Geschichte deutlich aufgedeckt worden. Während zweier Jahrhunderte hat sich die Kirche redlich bemüht, biblisch zu denken und biblisch zu sprechen. Dann fing man, wie selber zu handeln, so auch selber zu denken an, und um sich dazu Raum zu schaffen, schob man die Bibel weg. Der Profanation der Kirche folgte diejenige des Dogmas und schließlich auch die der Bibel. So redlich der Anschluß an die Schrift bei den Alten war, sie haben dieselbe doch dadurch teilweise vorbereitet, daß sie sich an der bloßen Wiederholung des Dogmas und an der Kenntnis der Bibel beruhigten und den mit ihrem Besitz uns aufgegebenen Dienst hintansetzten.

7. Die unsicheren Aussagen über die Liebe Gottes.

Mit dem Blick auf Gott sind wir zur Liebe Gottes berufen. Damit daß sich die Erinnerung an ihn in unserm Bewußtsein findet, sind wir auch zu einem Wollen befähigt, das in dem uns gegenwärtigen Gottesbild seinen Inhalt hat. Den gekannten Gott gilt es wollend zu schätzen, wie es seiner Gottheit entspricht, ebenso wie es uns durch den Blick auf Christus ermöglicht ist, ihn zu

---

¹) Vergleiche für die Buße Hutter: compend. loc. XV, 6: contritionem dicimus esse veros terrores conscientiae quae deum sentit irasci peccato; und andrerseits Heidelberger K. Fr. 90: Was ist die Auferstehung des neuen Menschen? Herzliche Freude in Gott.

lieben. Darum besteht unser inwendiger Gottesdienst, den wir mit dem Glauben an Christus empfangen, nicht nur darin, daß sein Name unsern Gedankenlauf durchstrahlt, sondern auch darin, daß derselbe unser Wollen erweckt und an sich zieht. Unsere willentliche Bejahung Gottes durch unsern ganzen Lebenslauf durchzuführen, durch seine geistlichen und seine natürlichen Anliegen, durch unser Verhalten zu Christus, zur Schrift, zur Kirche, zu allen Menschen, zur Natur, als das, was unser ganzes Handeln einigt und beseelt, das ergiebt ein Ziel, das dem Christenleben die Fülle unerschöpflicher Thätigkeit verleiht.

Während man sagen darf, daß es den Alten gelang, in der Kirche einen deutlichen Begriff von dem zu erwecken, was „Gott glauben" heißt, bleibt, was „Gott lieben" bedeute, unsichrer, als wäre es schwieriger, „mystischer", etwa gar unnatürlicher, Gott zu lieben als ihm zu glauben.

Die alte Lehrbildung blieb an die Antithese „Glaube" und „gute Werke" gebunden. Wohin gehört die Liebe Gottes? Sofern sie ein inwendiges Handeln ist, fällt sie unter den Titel „gute Werke"; aber wie ungenügend ist sie dadurch gewürdigt, als handelte es sich um vereinzelte Ergebnisse unsers Handelns, die wir in die Sichtbarkeit hinausstellten, und nicht, ganz wie beim Glauben, um die bleibende Art unsers personhaften Wesens, die unser ganzes Denken und Handeln bestimmt. Deshalb findet sich auch von Anfang an der entgegengesetzte Satz, daß die Liebe Gottes dem Glauben innewohne, so daß es kein Glauben gebe, das nicht Liebe Gottes sei. Damit wird der Unterschied von „dem durch die Liebe geformten Glauben" der vorreformatorischen Theologen klein, und die Erkenntnis gefährdet, daß Christi Verheißung nicht erst unserm Lieben in seiner Aktivität, sondern schon unserm Glauben, unserm aufnehmenden Blick auf Gottes Gnade und Gottes Werk, gegeben ist. Sowohl der Pietismus mit dem „lebendigen Glauben" als Grund der Rechtfertigung, als der beginnende Rationalismus mit der Eintragung des „Eifers für Gottes Ehre" in die Beschreibung des Glaubens haben den Konflikt mit der Rechtfertigungslehre, der in dieser Vermengung von Glaube und Liebe vorbereitet war, ans Licht gebracht.

Fehlt es an einer klaren Durchbildung des Liebesbegriffs, so besagt das unmittelbar, daß die Aufmerksamkeit auf den Dienst Gottes zurückgedrängt bleibt. Denn Liebe und Dienst gehören zusammen. Sie ist Dienstwilligkeit; mit dem Dienst wird sie zur That.

Damit wir den Glaubensstand nicht verlieren, sagen uns die Alten: nur der Glaube mache die guten Werke vor Gott gut. Sie erläutern dies dahin: dieselben seien zwar nicht Sünde, aber mit Sünden befleckt. Sie halten dadurch mit vollem Recht die Reue bei allem Handeln in uns wach, und lassen aus ihm stets dasjenige Glauben entstehn, das Gottes Verzeihen sucht und hat. Weil es ihnen deshalb nebensächlich schien, auf das Gute am Handeln die Aufmerksamkeit zu richten, weil es doch nur mit Bösem vermengt und befleckt ist, kam es freilich zu keiner Durcharbeitung des Liebesbegriffs. Eine Liebes= und Dienstlehre entsteht dann, dann aber auch unvermeidlich, wenn darauf geachtet wird, was an unsern Werken im Unterschied vom Glauben nicht sündlich, sondern von Gott gewollt und darum auch ihm dienend sei.

Stellen die Alten nicht nur Glaube und Werk nebeneinander, sondern achten sie auf das Bindeglied zwischen ihnen, so heben sie gern die Dankbarkeit für die empfangene Gnade als solches hervor. Sie bewähren auch damit, daß ihnen das Motiv der Dankbarkeit vollständig genügte, um ihre ganze Lebensführung unter Gottes Gesetz zu stellen, die Höhe ihres Glaubensstands. Die empfangene Gnade bestimmt sie so mächtig, der an ihr haftende Glaube erfüllt sie so ganz, daß sie keinen andern Antrieb für ihr Handeln bedürfen, als den Blick auf das, was die Gnade ihnen that. Die Beschreibung der Liebe als unsrer Dankbarkeit wird jedoch dem Willen der Gnade nicht ganz gerecht, weil sie den Zusammenhang zwischen den beiden Funktionen des Nehmens und Gebens nicht eng genug faßt. Der Schein ist nicht abgewehrt, als stehe der Dienst als ein zweites, was der Gnade folgen müsse, hinter oder neben ihr, als hätte diese ihr Ziel gefunden und ihr Werk an uns vollbracht, bevor wir aus der Unthätigkeit herausgehoben sind. So groß und plastisch die Fassung des Evangeliums in die berühmten drei Hauptfragen des Heidelberger Katechismus ist, sie erfordert doch beständig die Erinnerung, daß der zweite Teil ohne den dritten noch nichts in sich Geschlossenes und Vollendetes ist, weil unser Elend nicht gehoben ist, solange wir noch in der Unwilligkeit und Unfähigkeit zum Handeln stehn. Eben unsre Dienst= und Lieblosigkeit ist unser Elend, weil sie unsre Sünde ist, und die Gnade will uns dies geben, daß wir Gott dienen.

Zwischen Lieben und Haſſen, Helfen und Verderben, Dienen und Streiten giebt es kein neutrales Mittelding, und die Unthätigkeit iſt nie etwas ſchlechthin Negatives, vielmehr immer ein Thun, nur ein verkehrtes und boshaftes. Darum iſt Gottes Werk erſt dann in uns geſchehen, wenn wir zur That gebracht ſind, Gottes Lieben erſt dann zum Ziel gelangt, wenn wir ins Lieben verſetzt ſind. Die Darſtellung des Handelns als unſres Danks hat die Zer=ſpaltung des Evangeliums in „Dogmatik" und „Ethik" nicht verhütet, vielmehr begünſtigt, wie ſie denn im 17. Jahrhundert ſchon früh auftritt, z. B. bei Wolleb, deſſen erſtes Buch das Dogma, deſſen zweites die nach dem Dekalog geordnete Moral enthält.

Den Sätzen, welche die Heiligung unſeres Denkens mit der Kenntnis der Bibel gleichſtellen, entſpricht genau, daß die Alten als das innere Merkmal der guten Werke, mit denen wir Gott danken, nicht die Liebe, ſondern den Gehorſam gegen Gottes Geſetz hervorheben. Wie alle unſere geheiligten Gedanken in der Bibel enthalten ſind, ſo iſt auch all unſer geheiligtes Wollen vom Dekalog umfaßt. Sie ſtreiten damit gegen den phantaſtiſchen Gottesdienſt und tragen dafür Sorge, daß unſere Liebe wirklich Gottes Willen liebe, was dann geſichert iſt, wenn ſie ihren Gegenſtand im gött=lichen Gebote hat. Von der Keuſchheit und Nüchternheit des Willens, die ſich in dieſen Formeln bezeugt, darf die Kirche nicht weichen. „Liebt ihr mich, ſo haltet ihr meine Gebote."

Immer wieder iſt aber die Frage die: tritt das göttliche Wort nur an uns heran, oder in uns hinein? Auch hier behält die paſſive Seite am Glauben das Übergewicht. Im Gehorſam halten wir uns gegenwärtig, daß unſer Wille nicht unſer eigener Wille iſt, nehmen vielmehr das Gebot des Herrn in unſer Wollen auf, fragen auch nach dem Sinne der Alten nicht nach dem Warum und Wozu, weil das Gebot ſeine Autorität in dem beſitzt, der es gegeben hat, und ſie nicht erſt durch unſer Verſtändnis ſeines Sinns empfängt. So ſchien ein geheiligtes Denken allerdings überflüſſig zu ſein, da das Gebot unſre Führung übernimmt und wir über dasſelbe hinaus nichts zu wiſſen und nichts zu wollen brauchen, auch nach nichts Weiterem fragen und nichts weiter wollen, ſo gewiß wir im Glauben an den ſtehn, der das Gebot gegeben hat.

Der Satz, daß unſer Dienſt Gottes darin beſtehe, daß jeder von uns in gleichmäßiger Durchführung den Dekalog beobachte,

bewährt sich jedoch weder an der Schrift, da er den Freiheits=
gedanken derselben verkürzt, noch am Verlauf des Christenlebens,
da er die individuelle Art der uns persönlich gegebenen Gabe und
Pflicht nicht beachtet. Die Relation zwischen Gottes Willen und
unserm Willen ist vollkommen personhaft geartet, darum wird ihr
nicht mit einer dinglichen Leistung genügt, welche nach derselben
Regel in passiver Unterwürfigkeit von allen ausgeführt würde, so
gewiß alle Mannigfaltigkeit der Dienstleistung vom Gesetz umfaßt
bleibt und sich dadurch als richtig bewähren muß, daß sie sich auf
dasselbe zurückleiten läßt. Auch für die Alten wurde der Dekalog
nur dadurch zum Inbegriff ihres Gottesdienstes, daß sie ihm eine
weit um sich blickende Auslegung beigaben. Diese „Anwendung"
des Gebots setzt aber den geweckten, geistlichen Blick voraus und
bildet den Bereich, in welchem unsere Liebe Gottes ihr waches
Auge braucht und ihre freudige Arbeit thut.

Schwerer noch als durch die Unterstellung unter das Gesetz
hat die Liebe durch die Forderung gelitten, daß wir sie nur als
das Gebilde des Glaubens betrachten und schätzen dürften. Damit
richten die Alten unsern Blick beständig auf unser eigenes Bedürf=
nis hin, mit dem es unser Glauben zu thun hat, da wir uns
mit demselben aus unserer Sünde und Not heraus in die göttliche
Gnade hineinstellen. Ist allem Handeln die Frage vorgesetzt, ob
es sich aus dem Glauben ableite, so werden wir immer mit uns
selbst beschäftigt, und der Blick reflektiert sich auf das, was wir
selbst gewinnen oder verlieren, und das Geschäft der Liebe, daß
sie auf den andern schaut, auf sein Bedürfnis, nicht auf das
unsrige, auf das, was er empfängt, nicht auf das, was wir er=
werben, wird gehemmt.

Es war eine große Erkenntnis, welche die Kirche nicht verlieren
darf, daß all unser Lieben, sei es Gott oder Mensch dargebracht,
nur dadurch rein und richtig bleibt, daß es vom Glauben umfaßt
ist, und sich damit seinen Platz innerhalb des göttlichen Gebens
giebt. Ist das Lieben nicht mit dem Glauben geeint, so erniedrigt
es Gott; dadurch stellen wir uns neben ihn und meinen zu geben,
was wir nicht empfangen haben, wollen auch dem Nächsten ein
Gut zuwenden, das Gottes Gabe überschreite und ihm nicht von
Gottes Güte durch unsern Dienst gegeben sei, als könnten wir
helfen, ohne daß Gott hilft, und barmherzig sein, wo Gott sich
nicht erbarmt. Allein diese unlösliche Gebundenheit des Gebens

an das Empfangen und der Liebe an das Glauben bedeutet nicht, daß sie ihr eigenes Wesen preisgeben, ihren auf die andern sehenden Blick verlieren und sich nur um unser eignes Bedürfnis drehen müßte. So würde sie überhaupt nicht mehr entstehn. Sie soll in uns mit ihrem eignen Wesen, darum auch in ihrem Unterschied vom Glauben heranwachsen, und entwertet dadurch, daß sie ihr eigenes Wesen und ihren eigenen Wert vor Gott hat, den Glauben so wenig, als dieser die Verhinderung und Entwertung der Liebe ist.

Mochte auch mit der ersten kraftvollen Glaubenspredigt unvermeidlich die Frage kommen, ob denn überhaupt die „guten Werke" noch nötig seien, und der Nachweis Bedürfnis werden, daß sie im Glaubensstand begründet seien: es war doch abnorm, daß die Beweisführung für die Notwendigkeit des Handelns zum ständigen Lehrstück wurde, als wäre es eine immer wieder der Beantwortung bedürftige Frage, ob wir denn das Handeln nicht auch unterlassen könnten. Es zeigt sich auch hier das starke Überwiegen des Quietivs. Warum beweisen die Alten nicht auch die „Notwendigkeit" des Glaubens? Die Berufung zu demselben haftet ihnen an jedem Blick auf Gott und Gottes Wort; die Berufung zum Handeln hat dieselbe unmittelbare Sicherheit.

Luther hat mehrfach kräftig in den berühmt gewordenen und unablässig citierten Worten ausgesprochen, daß der Glaube den Antrieb zum Handeln stetig und notwendig bei sich habe, wie in der That das Wort Glaube sinnlos wird, wenn unsre Überzeugung für unser Wollen und Handeln bedeutungslos bleiben soll. Das Handeln, zu dem uns das Glauben bewegt, beschäftigt sich aber nicht nur, und nicht einmal an erster Stelle mit unsrem eigenen Wohl, sondern wird notwendig Liebe, weil es unmöglich ist, daß wir glaubend die Gnade Gottes nur auf uns selbst beziehn. Bejahen wir sie für uns, ist sie auch für die andern bejaht. Sie stehn als die Empfänger der göttlichen Wohlthat vor uns, wie wir. Damit ist alles Hassen als ein gottloses, Gott leugnendes Handeln erkannt, und begriffen, daß Menschen verderben Gott widerstehn, Menschen dienen Gott dienen heißt. Nicht nur mit und neben uns sehen wir in den andern die Empfänger der Gnade; vielmehr werden von jeder ernsten Bejahung Gottes die Beziehungen, in die wir zu ihnen gesetzt sind, als göttliche Stiftung gewürdigt, deren Ziel und Inhalt aus seiner Gnade zu verstehen ist. Somit ist es unmöglich, daß jemand sich nur als Empfänger der Gnade wisse, und nicht auch als ihr Instrument. Aber diese Gedankenreihe schläg in der ältern Lehrbildung nicht durch; häufig genug sieht es so aus, als bestände die Frömmigkeit darin, daß wir an nichts anderes dächten, als an unsre eigene Seligkeit.

Die Formel, die im Anschluß an den Heidelberger Katechismus bei den Reformierten häufig ist, übrigens auch bei den lutherischen Theologen manche Parallelen hat, daß wir darum die That nicht entbehren könnten, weil wir durch sie unsers Glaubens gewiß würden, will das Band zwischen dem Glauben und der That möglichst eng und unlöslich schlingen, gewinnt aber die Einheit von Glaube und That noch nicht, sondern führt eher eine Vermengung beider herbei. Ihre Voraussetzung ist, daß der Glaube das allein gültige und wertvolle im Christenleben sei und darum, falls dem Handeln Notwendigkeit eignen soll, diese im Glauben aufgezeigt werden müsse. Darum wird nachgewiesen, daß der Glaube die That nicht entbehren könne, weil er selber sich ohne sie nicht erhalten kann. So muß sich das Handeln gefallen lassen, dem eignen Heilsbedürfnis untergeordnet und unter den Gesichtspunkt der Selbsterhaltung gebracht zu werden. Dagegen ist nichts einzuwenden, wenn nur zugleich der Gesichtspunkt, der der Liebe eigen ist, bestimmt und kraftvoll gesichert wäre. Der Liebe gilt das Bedürfnis des andern als Beweis für die Notwendigkeit der That.

Auch an dieser Stelle hat die Verkürzung der Liebe unverkennbar schließlich den Glaubensstand selbst geschädigt. Schneckenburger hat jenen Satz dahin gedeutet, daß der Glaube der Reformierten an seinem Objekt, an Christus und an der Schrift, noch nicht zur Gewißheit komme, sondern erst noch einer andern Vergewisserung bedürfe und diese in der That des Christen finde. Für die der Reformation nahstehenden Leute ist das Motiv des Gedankengangs damit sicher mißdeutet. Der Glaube, den sie durch ihre That bestätigen wollen, war wirklicher Glaube,[1] an Christus gewonnene Zuversicht, und gewisse Bejahung des göttlichen Wortes. Der Zweifel, den der Blick auf die That erledigt, richtet sich nicht

---

[1] Schon die Unterordnung des Handelns unter die Dankbarkeit widerlegt Schneckenburgers Deutung. Wer nach der Weisung des Heidelb. als der Gott dankende handelt, ist Gottes und seiner Gnade gewiß.

gegen Gott und Christus, sondern gegen den Glaubenden selbst, dessen eigene Aufrichtigkeit zweifelhaft ist, ehe er gehandelt hat. Die stete Gewöhnung, das Werk als die Fortsetzung des Glaubens zu betrachten, welche ihm die Bestätigung bringt,¹) hat aber zunehmend den Glaubensstand erschwert, als wäre er uns erst dann zugänglich, nachdem die Heiligung vorhanden ist. Schneckenburgers Deutung trug das Ergebnis des dogmenhistorischen Prozesses in seine Anfänge zurück.

Wyttenbach, tentamen theologiae dogmaticae 1741, kann als Beispiel für das Ergebnis der Bewegung dienen: der Glaube, sagt er, sei das Verlangen nach der Befreiung vom ewigen Verderben und nach der Seligkeit. D. h. hier ist noch nicht vom Glauben, sondern vom Hoffen die Rede. Durch Wiedergeburt und Rechtfertigung entsteht nun das geheiligte Handeln, und daraus die Gewißheit der Gnade und Versiegelung; d. h. jetzt entsteht der Glaube. Dieser bildet den das Handeln des Christen krönenden Schluß. Der Eingriff dieser Theologie in den Glaubensstand bestand nicht darin, daß sie die Rückwirkung der That auf das Glauben kräftig betont — damit spricht sie lediglich eine Wahrheit aus — sondern darin, daß die Darbietung des Evangeliums, die Wahrnehmung Christi, der Empfang der Berufung und Rechtfertigung, noch nicht als Glaubensmotiv wirksam werden, noch nicht Heilsgewißheit geben, sondern erst durch die christliche Lebensführung der gläubige Blick auf Gott gewonnen werden soll.²)

Weil die guten Werke aus unserem eignen Bedürfnis abgeleitet und als Entfaltung der uns verliehenen Lebendigkeit dargestellt werden, sind der antiken „Tugend" schon im 17. Jahrhundert die Wege breit geöffnet worden, obwohl sie zum Dienst- und Liebes-

---

¹) Thieme, „Die Triebkraft des Glaubens," hat in dankenswerter Weise hervorgehoben, wie Luther die nomistische Mißhandlung des Glaubens, die nichts anderes gelten lassen will, als was sich aus dem Glauben ableiten lasse, nicht kennt, so zweifellos für ihn alles richtige Handeln glaubensvoll, vom Glauben begleitet und gestaltet ist.

²) Osterwald hat es einen „lächerlichen Gedanken" genannt, daß man, um Gott vertrauen zu können, ihm einfach zu vertrauen habe. Man müsse sich zuerst dessen vergewissern, daß man „das Recht" habe ihm zu vertrauen, und dieses Recht zum Glauben gewinnt man durch die Heiligung, sources 16 1, 4, pg. 131. Vgl. die Polemik gegen das Vertrauen auf die Sündenvergebung im compend. doctr. chr. 2, 4, 1 de fide, Schluß.

begriff des Evangeliums in deutlicher Antithese steht. Die „Tugend" zielt stets auf die Erhebung unsrer Person durch die kraftvolle und schöne Darstellung der uns eignenden Lebendigkeit. Auch die Dienstpflicht erhebt, auch die Liebe richtet auf und bringt unsre Kräfte zur Entfaltung, weil nur der Erwerbende geben, nur der Gekräftigte tragen, nur der Sehende leiten kann. Die „Tugend" macht uns aber unsre kräftige Regsamkeit zum Ziel, das an sich wertvoll sei und den Endpunkt unsers Wollens bilde, während der Dienst in aller Tugend nur das Mittel hat und sein Ziel über ihr im andern sieht. Es war im Gedankengang der Alten völlig vorbereitet, daß ihre Heiligungslehre mit dem Ende der orthodoxen Zeit nicht in eine Liebes- sondern in eine Tugendlehre über- und in ihr unterging.

8. Die negative Definition der Freiheit.

Los von der Herrschaft des Gesetzes und der Sünde, unanfechtbar im Gewissen durch Menschensatzungen und durch die Weise, wie der Naturlauf uns berührt, steht der Glaubende bei den Alten da, in Gott geborgen, der Welt entzogen und für ihren Angriff unerreichbar gemacht. Damit ist im Freiheitsbegriff aber nur der ruhige Friede beschrieben, in den uns Christus setzt; auch er empfängt seinen Inhalt aus dem Glauben, sofern er als Quietiv wirkt. Das Paulinische: „ich bin zu allem ermächtigt" steht aber höher; denn es spricht von einem positiven Vermögen, von einer Vollmacht, die dem Handeln Ziele setzt, nicht nur von Ungebundenheit, sondern von Beweglichkeit, nicht nur von der Wegnahme der hemmenden Kette, sondern vom Recht und Mut zur That, nicht nur von der Sicherheit gegen den fremden Angriff, sondern von der Fähigkeit, selbst in den Lauf der Dinge einzugreifen. Neben der Unerschütterlichkeit unsers Gewissens, das von außen nicht befleckt werden kann, bildet all das den Inhalt unsrer Freiheit, was wir — freilich oft recht oberflächlich — Kultur nennen, die Verwertung der natürlichen Potenzen zu Gütern, die uns dienen; neben der Unanfechtbarkeit durch „Menschensatzungen" steht das Vermögen, die Menschensatzungen zu machen, für unser Zusammenleben die förderlichen Formen zu bilden; mit der Befreiung vom Zwang des Gesetzes ist der spontanen, produktiven Art der Liebe Raum gegeben, mit ihrem erfinderischen Auge, wodurch auch die individuelle Eigenart an uns und den andern für unser Handeln Bedeutung gewinnt. Diese Gedankenreihen, die dem Freiheitsbegriff in der alten Fassung fern bleiben, sind erst im 18. Jahrhundert an denselben herangewachsen.[1])

Die davon nicht lösbare Parallele ist, daß auch der Gedanke an Gottes Vorsehung, so sehr er am Blick auf die Versöhnungsgnade sich belebte und mit ihr Grund und Kraft gewann, doch überwiegend negativ gerichtet bleibt. Die Lieder, welche seine klassischen Zeugen geworden sind, sind Trostlieder. Wo der Glaubende nicht mehr denken, nicht mehr wollen, nicht mehr handeln kann, da freut er sich, daß sein Nichtdenken, Nichtwollen, Nichthandeln durch das göttliche Denken, Wollen, Handeln reichlich ersetzt ist. Der dazu gehörende Gedanke, daß, weil Gott denkt, sorgt, handelt, wir denken, sorgen, handeln können, daß deswegen, weil alles wohl bedacht ist, wir die Pflicht und das Recht haben, alles wohl zu bedenken, und damit nicht ins Leere greifen, sondern unser Ziel zu treffen vermögen, ragt wieder über die Grenze des Systems hinaus.

Darum hebt es die Schwierigkeiten, welche uns die natürlichen Funktionen unsers Lebens bereiten, nicht völlig weg, so sehr wir es auch mit Recht als eine Gabe der Reformation schätzen, daß sie dieselben von jedem Makel befreit und unter dem Schirm des mit Gott versöhnten Gewissens zur fröhlichen Entfaltung gebracht hat. Gerade hier hat es sich deutlich bewährt, daß wer Frieden schafft, eben damit Kraft gewährt. Die großen Sätze, welche auch unsre natürlichen Funktionen als Gottesdienst und Christenpflicht beschreiben, haben aber dadurch gelitten, daß sie mit dem Grundgedanken der Lehrbildung nicht durch ein sicheres, deutliches Band geeinigt sind.

---

[1]) Definiert z. B. Hutter: Die christliche Freiheit ist die geistliche Freilassung, die uns durch Christi Blut erworben ist, wodurch die an ihn glaubenden vom Fluch des Gesetzes, von der Knechtschaft unter die Sünde, vom Joch der mosaischen Ceremonien und endlich von der Last menschlicher Überlieferungen vor Gott im Gewissen frei sind, damit sie in Freiheit des Geistes oder des Gewissens Gott alle Tage ihres Lebens dienen (loci, de libert. chbrist. I), so ist auch hier das positive Verhalten nicht in das Wesen der Freiheit aufgenommen, sondern als ihr Ziel und Ergebnis demselben angehängt. Worin der aus der Freiheit stammende Dienst besteht, erfährt man darum durch das Lehrstück von der Freiheit nicht.

Denn aus der Innerlichkeit des Glaubens, der in der Versöhnungsgnade steht, ergeben sich nur negative Sätze, welche die natürliche Sphäre als indifferent freigeben, so daß sich der Glaubende ungehemmt in ihr bewegen kann, weil er durch sie nicht gefährdet wird, nicht aber positive Ziele, die diese Aufgaben und Anliegen unsrer Dienstpflicht eingliedern und dadurch heiligen. Die Füllung erhält der leere Freiheitsbegriff durch das Gesetz, weshalb das Motiv der Gehorsamsübung bei den Alten das Band zwischen der natürlichen und geistlichen Hälfte ihres Lebens bildet. Die natürlichen Funktionen machen unsern „Beruf" aus und werden dadurch wichtig, daß wir uns in ihnen Gott gehorsam erzeigen. So dehnt sich die Passivität über alle Beziehungen zur natürlichen Sphäre aus: willig und geduldig, im Glauben beruhigt vollzieht der Christ diese Akte. An sich selbst sind sie wertlos; ihr Zweck liegt, weil sie nur der Stoff des Gehorsams sind, nicht in, sondern nur neben ihnen. Darum wurde ein innerlicher Anteil an den natürlichen Vorgängen unsern Alten leicht verdächtig. Wir empfangen z. B. beständig die Instruktion: man dürfe die natürlichen Lebensmittel zwar gebrauchen, aber ihnen nicht vertrauen, obwohl diese Distinktion wertlos, weil unausführbar ist.[1]) Wir sollen z. B. den Arzt rufen, aber ihm nicht vertrauen, wohl gar auch essen, ohne der Nahrung zuzutrauen, daß sie uns nährt. Es kommt mit diesen Formeln nicht deutlich zum Durchbruch, daß in der Bejahung Gottes auch die Natur bejaht, im Glauben an Gott der Glaube an die Natur nicht entwurzelt, vielmehr begründet, dadurch auch regiert und vor abergläubischer Entartung bewahrt ist.

Die Kehrseite dieser passiven Formeln war die stetige Gefahr einer zweiteiligen, unharmonischen Lebensführung, bei der neben der Innerlichkeit des Glaubens eine rüstige, aber zu Gott beziehungslose Arbeitsamkeit in der natürlichen Sphäre steht. Sowie sich aber unsre Thätigkeit im Naturbereich uns als profan darstellt, bedroht sie fortwährend unsern inwendigen Gottesdienst aufs gefährlichste.

Es war unvermeidlich, daß den Alten die Pflege des Spiels im weitesten Sinne des Worts besondre Schwierigkeiten im Ge-

---

[1]) Wolleb: compendium theologiae II, 3: externis praesidiis uti licet, modo fiduciam in eis non ponamus; utendum illis, non nitendum. Auch Osterwald, so vernünftig er ist, rechnet die eifrige Pflege der „zeitlichen Beschäftigungen" zu dem, was die Kirche verdirbt.

wissen machte, weil das Spiel nicht unter den Gehorsam fällt, und deshalb hier das Band, das sonst ihr geistliches und ihr natürliches Leben zusammenhielt, zerriß. Es ist falsch, die persönliche Bedürfnislosigkeit Calvins, Speners 2c. für diese Erscheinungen verantwortlich zu machen, oder gar den Nationalcharakter der Franzosen, als wäre dieser zum Spiel schlecht disponiert. Es lag am Dogma, an dem kraftvoll gehandhabten Satz, daß alles Sünde sei, was nicht aus Gehorsam gegen Gottes Gebot geschehe. Spiel, das als Gehorsam geübt wird, „pflichtmäßiges" Spiel hebt sich aber selber auf. Zum guten Gewissen bei demselben gehört ein positiv bestimmter Freiheitsbegriff, welcher Vollmacht zum Handeln gewährt; erst dieser schafft diesen spontanen Formen unsrer Thätigkeit im Menschenleben Raum.

Heiligung kommt ins Naturleben, sei es nun Arbeit oder Spiel, nur durch die Liebe, und auch durch sie nur dann, wenn sie Liebe Gottes ist, die der Güte Gottes an den andern dient. Die natürliche Arbeitsleistung bleibt profan, sie werde denn dem Menschen gethan, dem die Gnade gilt, die ganze Gnade, die Leib und Seele, Natur und Geist umfaßt. Der einsam in seiner Innerlichkeit Gott zugekehrte Glaubende hat noch nicht die Fähigkeit, seine natürlichen Anliegen zu heiligen, sondern hat in ihnen erst das Objekt einer bloß negativ bestimmten Freiheit. Vorbedingung zur Heiligung unsrer Natursphäre ist die ernste, beharrliche Aufnahme unsrer Beziehung zu den Menschen und zur Natur in unsern Blick auf Gott.

9. Die passiv machende Inspiration.

Wer die Sätze der Alten über den Dienst des Christen und der Kirche erwägt, versteht, warum die Inspirationslehre von ihnen noch nicht innerlich erneuert und gereinigt worden ist. Da die Tradition des Inspirationsbegriffs in die synagogale Theologie zurückreicht, und sich nicht an die Apostel und' das Neue Testament, sondern an den Propheten anlehnt, genauer an dasjenige Bild des Propheten, das in der Synagoge Geltung hatte, so ist die ganze Gedankenreihe vom Distanzbewußtsein des Menschen im Blick auf Gott beherrscht. Das göttliche Wirken stellt sich als Aufhebung des menschlichen dar; die Wahrheit der Inspiration beruhe darauf, daß sie den Menschen in Passivität versetze und zum Verstummen bringe. So wird die Bibel von der Geschichte, aus der sie entstanden ist, abgelöst, und der Empfänger des göttlichen Worts als bedeutungslos behandelt, weshalb alles, was an ihn erinnert, wie eine Minderung und Verdunkelung der göttlichen Art des Worts erscheint.

Damit ist der Inspirationsgedanke noch nicht aus der Gnade verstanden, und die Wirksamkeit des heiligen Geists in denen, die zum besondern Dienst Gottes berufen waren und zu uns durch die Schrift reden, noch nicht als ein Geben gedacht, das ihnen galt, sie sehen, wissen, reden, handeln machte. Der Blick haftet wieder nur am Geber, als würde dieser verdunkelt und geschädigt, sowie der Empfänger beachtet wird, nur am göttlichen Wirken, nicht am Menschen, den es belebt und begabt. Was Gott seinen Dienern inspiriert, bleibt ihnen fremd. So werden sie nicht wahrhaft seine Diener, denen er sein Wort so giebt, daß sie es sagen, und durch die er sein Werk so wirkt, daß sie es thun. Gott thut alles allein, und die Herrlichkeit seiner Offenbarung soll darin bestehn, daß der Mensch durch sie in nichts zergeht.

Antriebe zur Reinigung der Inspirationslehre waren den Alten allerdings gegeben, da sie bei ihrem ernsten Schriftstudium auf manches aufmerksam geworden sind, was den Zusammenhang der Bibel mit der Geschichte ihrer Verfasser deutlich macht. Allein zu einer bewußten, einheitlichen Erneuerung der geltenden Lehre kam es doch noch nicht, weil sie mit weit reichenden und mächtigen Gedankenreihen des älteren Lehrgangs in innerer Übereinstimmung stand.

Der in Passivität versetzte Empfänger der Inspiration, der in Passivität versetzte Empfänger der bekehrenden Gnade, die in Passivität das Wort empfangende Gemeinde, der in der Aufnahme des Bibelworts passive Glaube, in den der ganze Christenstand zusammengefaßt wird, bilden eine Parallele, von der sich nicht ein Glied ohne das andere umbilden ließ.[1]) Gott handelt in Einsamkeit ohne und gegen den Menschen im Werk der Inspiration und im Werk der Bekehrung. Formeln für den Gottesdienst der Propheten und Apostel lassen sich nicht gewinnen, solange solche für unsern eignen Dienst und für denjenigen der Kirche kaum

---

[1]) Die Inspirationslehre bedingt selbstverständlich auch wieder die Fassung der bekehrenden Gnade, des Glaubens und der Kirche. Jedes Glied des Gedankenlaufs bestimmt das andre. Dasselbe gilt von den Beziehungen zwischen der Inspirationslehre und der Christologie.

vorhanden sind. Weil und wie unsre eigne Lebensgeschichte schließlich
vor Gott nichts bedeutet, da sie nur unter den Titel „gute Werke"
gestellt wird, womit ihr eine produktive Bedeutung und ein
selbständiger Wert nicht zuerkannt ist, ebenso hat Israels Geschichte
in der alt- und neutestamentlichen Zeit für Gottes Wort und
Werk keine wesentliche Wichtigkeit. Auch hier überwog die dankbare Ruhe, die an der Gabe Gottes sich freut. Die Achtsamkeit
auf die Geschichte, die uns das göttliche Wort vermittelt hat,
macht dagegen aus unserm Verkehr mit der Schrift eine arbeitsame
Thätigkeit; sie richtet unser Auge auf das Ganze, dessen Glied
jedes einzelne Wort ist, auf die Zusammenhänge, in denen es
erwachsen ist, und fordert ein Urteil von uns, in welchem unser
eigner geistiger Besitz zum Wort gelangt. Bringt Gott dagegen
seine Boten durch die Eingebung seines Worts zur Ruh, so kommen
auch wir im Hören desselben in die Ruhe, eignen es uns scheinbar
schon durchs Lesen an und stehn in einer Gemeinschaft mit Gott,
die keine Vermittelung auf unsrer Seite erfordert, wie sie auch
auf Gottes Seite nicht vermittelt ist.

Aus dieser Ruhe ist die Kirche so aufgescheucht worden, daß
wir gegenwärtig der Stärkung des Quietivs bedürfen, damit der
Kirche der gläubige Anschluß an die Schrift erhalten bleibe. Nicht
die gestillte, gefestigte Gewißheit, durch die Bibel in der Leitung
Gottes zu stehn, war das begrenzte und vergängliche im Glaubensstand der Alten, sondern dies, daß sie sich diese Gewißheit dadurch er-
werben und sichern wollten, daß sie den Menschen mit dem Offenbar-
werden Gottes beseitigten. Was in Israel geschehen ist, war
wirklicher Dienst Gottes, erzeugt durch ein Empfangen, dem göttliche Wahrheit und Gnade gegeben war. Darum versetzt uns die
Schrift mit der aktiven Regsamkeit, die das Verständnis ihrer
Geschichte uns auferlegt, zugleich in die an Gottes Wahrheit und
Gnade gestillte und gewiß gemachte Ruh.

10. Die passive Menschheit Jesu.

Der geklärte Blick der Alten in die Schrift hat bewirkt, daß
ihnen Jesus als der Diener Gottes, der giebt und handelt, in
großer Deutlichkeit faßlich war. Alle diejenigen Begriffe, die in
der antiken Kirche für das auf Gott gerichtete Handeln ausgebildet
wurden, werden deshalb für ihn in lebendiger Geltung erhalten.

Den Wert seines Gehorsams vor Gott beschreibt der Verdienst=
begriff, der im Lehrgang der Alten nur für ihn weiterlebt; für
seine Kreuzesthat, welche die Tilgung unsrer Schuld bewirkt, werden
der Genugthuungs= und Stellvertretungsgedanke aufrecht erhalten,
die sonst mit dem Verdienstbegriff aus dem christlichen Denken
entfernt werden. Auf die Bedeutung seines Dienstes für Gott
zielen die Sätze über sein Versöhnen, sein Opfer und Priestertum
und seine Fürbitte, von denen nur der letzte eine Analogie im
christlichen Handeln hat.[1])

Begriffe, die sich gar nicht auf uns selber anwenden lassen
und in keiner Weise ein Element unsres Selbstbewußtseins werden
dürfen, sind schwer in Geltung zu erhalten. Darum haben sich
allmählich diejenigen Gedanken, welche nach den Alten den Sinn
des Christenlebens ausdrücken, auch zur Beschreibung des Lebens
Christi vorgedrängt. Für den uns gewährten Dienst kommen die
Alten nicht über das „Beispiel" hinaus, das wir einander geben.
Das wird auch in die Christologie eingeführt: mit seinem Tode
sei er ein Beispiel der strafenden Gerechtigkeit Gottes, mit seinem
Leben ein Beispiel seiner Güte, Geduld und Treue geworden.

Die Alten haben diese Entwertung der That Christi zunächst
abgewehrt, wobei ihnen neben der Schrift auch die christologischen
Sätze der Griechen unverkennbar eine große Hilfe leisteten. Indem
sie die Gegenwart der Gottheit in Jesus aussprachen, hefteten sie
den Blick auch an der That Christi fest und sicherten ihr die un=
vergängliche Wirksamkeit. Man konnte an seiner Geschichte nicht
vorbeigehn, da es ja diejenige des Gottmenschen war, konnte seinen
Dienst nicht entwerten, da er sich nicht nur als die That des
Menschen fassen ließ, sondern in der Gottheit begründet war.
Was er that, das war Verdienst, Genugthuung, Stellvertretung
mit unbegrenzter Gültigkeit.

Über die Schranken, in die das Christusbild der griechischen
Theologie gefaßt blieb, ist jedoch die Betrachtung der Alten nicht
hinausgewachsen, so wenig als über die alte Inspirationslehre:
Jesu Menschheit blieb in die Passivität gestellt. Was mit der

---

[1]) Die Anwendung des Priestergedankens auf die Glaubenden ist nicht
lebendig geworden. Soweit ihm Inhalt gegeben wurde, bestand derselbe im
Gebet. Auch die Ansätze zum Gebrauch des Opfergedankens z. B. in Ver=
bindung mit dem Abendmahl brechen nicht durch. Auch an der Geschichte
dieser Begriffe läßt sich das Überwiegen des Quietivs studieren.

Menschwerdung zur Gottheit hinzutritt, weil es nicht an sich in ihr enthalten ist, ist die Leidensfähigkeit. Im Leiden liegt daher der ganze Zweck des menschlichen Daseins Christi. Alle positive Gabe und Gnade bleibt dagegen ausschließlich das Werk der Gottheit in ihm.

Dadurch entsteht die Neigung, was die Frucht seines irdischen Lebens bildet, in sein ewiges innergöttliches Sohnesverhältnis zurückzulegen. Unsre Versöhnung wird als die ewige Vereinbarung des Vaters mit dem Sohne über dessen irdischen Dienst emporgehoben, wie auch über unsre Berufung die ewige Erwählung tritt. Was Jesu Erdenleben bringt, ist „Offenbarung." Dies wird für die ganze Schätzung Christi zum führenden Gedanken. Was ewig besteht, aber in Gott verborgen war, das ewige Dasein des Sohnes beim Vater, und das ewige Dasein der Gnade in Gott, wird uns durch Christi Eintritt in die Welt angezeigt und wahrnehmbar gemacht.

Der Offenbarungsgedanke ist unzerstörbar wahr, weil er jeden Blick auf Gott begleitet. Wir sind unfähig, uns Gottes Wille und Liebe als in der Zeit und Geschichte geworden zu denken. Diese enthüllt, weil und soweit sie in Gott begründet ist, was ewig ist. Allein der Offenbarungsgedanke umspannt nicht alles, was die Geschichte enthält. Tritt er isoliert auf, so lenkt er vielmehr das Auge von dem ab, wodurch der Gedanke und die Wollung erst zur Geschichte werden; das ist die That. Die That ist nicht nur die Darstellung eines Gedankens; sie eint mit demselben die Kraft, und verwandelt ihn in eine wirksame Macht. Darum geschieht mit ihr ein Werden; sie setzt ein Neues; sie offenbart, indem sie schafft.

Schöpferische That ist Jesu Handeln nach den Alten in der Gottheit. Der Vater hält das Handeln des Sohnes wert und macht es zum Grund seiner Liebe zu uns; wir genießen Christi Verdienst. Vor Gott ist sein Leiden Genugthuung für unsere Schuld; auf Grund desselben wird uns verziehen. Schwerer ist es ihnen geworden, Jesu Geschichte auch nach ihrer menschlichen Seite in Richtung auf uns als gebende, wirksame That zu würdigen. Es macht aber nicht das, was der Gottheit eigen ist, die Geschichte aus, sondern was der Mensch durch Gott und für Gott thut, das erzeugt Geschichte und das ergiebt Gottesdienst.

Wie der Blick der Alten vom menschlichen Handeln Christi abgleitet, zeigt die Ablösung der Rechtfertigung von Christi Kreuz. Sein Sterben stellt für ihr Auge die Bedingung zur Vergebung her, die wir empfangen; diese sondert sich aber von demselben als eine Folge, die nachher zu demselben kommt. Nun lassen sich zwar Genugthuung und Vergebung niemals antithetisch gegeneinander kehren, weil der, der für uns genug thut, uns verziehen hat. Er hebt ja unsere Schuld auf und macht sie mit dem Einsatz seines Lebens für uns folgenlos; das ist bethätigtes Verzeihn. Indem der für uns büßende Christus der Kirche vorgehalten wurde, war ihr sein Vergeben verkündigt und das Glaubensmotiv ihr dargereicht. Gleichwohl hat sich die Gewöhnung, das Kreuz nur als Vorbereitung der Gnade, nur als Herstellung ihrer Bedingungen, nicht aber selbst schon als die That und Gabe der Gnade zu fassen, als Erschwerung des Glaubensstands erwiesen. Sie war nicht die einzige, aber auch eine Ursache dafür, daß mit dem Ende der orthodoxen Zeit der Kirche die Kreuzespredigt verloren ging. Lag denn so viel an der geheimnisvollen Vorbereitung des göttlichen Vergebens, das doch gleichzeitig als Ausfluß der ewigen Güte Gottes erschien?

Auch im Abendmahlsstreit zeigen sich die Schwierigkeiten, welche den Alten die Schätzung des menschlichen Dienstes Christi bereitete, bei allen Streitenden. Sie fanden sich sämtlich schwer in Jesu Wort, das seinen Leib, wie er ihn ans Kreuz hingab, und sein Blut, wie er es zu vergießen im Begriffe stand, als die Versöhnung stiftende und Vergebung schenkende Gabe den Jüngern dargereicht hat. Zur Darbietung der Gnade schien Jesu That in ihrer geschichtlichen Bestimmtheit und örtlich-zeitlichen Begrenztheit zu klein. Irgendwie müsse das, was er uns gebe, doch ein vergottetes Blut, ein vergotteter Leib sein, und der Blick irrte weg vom Kreuz, wohin uns Jesus schauen heißt, in den Abendmahlsbecher hinein.

11. Konflikte mit der Schrift.

Die Schrift ist im Dienst Gottes entstanden, giebt daher auch Berufung und Anleitung zu demselben. Ist die vorangehende Ausführung richtig, so müssen sich die Alten je und je mit ihrem Gedankengang in einer gewissen Distanz vom Schriftwort befinden. Daß sich dieser Schluß durch Beobachtungen ersetzen läßt, zeige ich an einigen Beispielen.

Matth. 5, 13.

Ihr seid das Salz der Erde. Calvin (ebenso Bucer, Musculus) sagt: „Was von der Lehre gilt, wird auf die Personen, denen die Verwaltung derselben übergeben ist, übertragen." Er verschiebt dadurch den Gedanken Jesu, da dieser mit dem Salz den Jüngern erläutert hat, nicht was die Lehre, sondern was sie selber sind und thun. Calvin findet aber das Gleichnis für die Personen nicht passend, wohl aber für die Lehre. „Wenn aber das Salz dumm wird" — wird denn die Lehre dumm? Offenkundig spricht Jesus vom Verhalten seiner Leute und vom Gericht über sie. Calvin bildet den Übergang zum zweiten Gedanken durch die Reflexion: daß mit der Lehre „das gute Gewissen und das fromme und richtige Leben" verbunden sein müssen, holt aber dadurch seine Deutung völlig jenseits des Gleichnisses. Dasselbe erwägt, ob das Salz salze, anderes salzig mache oder nicht. Calvin vergreift sich jedoch schon in diesem einfachsten Element der Auslegung, da er den Vergleichungspunkt in der „Würze" sucht.

Warum bleibt diese einfache, wenn auch vielsagende Beschreibung des Gebens, das den Jüngern obliegt, unverstanden? Jesus sieht auf seine Jünger in der Überzeugung, daß sie seine Gabe weder bei sich behalten können noch dürfen, sondern aus sich heraus geben und in die andern hineinlegen und dadurch das thun, was das Salz thut, das seinen Geschmack allem mitteilt. Er denkt sich das Licht, das bei den Jüngern entzündet ist, als strahlend, aus ihnen hervorleuchtend und die Welt erfüllend. Der Gedankengang des Exegeten bewegt sich dagegen nicht in dieser Richtung. Daher kommt es auch nicht zur Reproduktion des triumphierenden: Ihr seid das Salz der Erde, seid das Licht der Welt. Jesus beruft in den Jüngern die Welt und sieht mit jenen diese ihm zum Eigentum gegeben. Calvin hört in dem Wort nur einen Imperativ.

Auch für die „Herde Christi" sei dasselbe bedeutsam, obschon es zumeist die Geistlichen angehe. Jene soll daraus lernen, daß sie sich durchs Evangelium würzen lassen soll. Nun giebt es freilich ohne Empfänger keinen Geber; ebenso deutlich ist jedoch, daß Christus hier nur vom Geben spricht, in dem der Dienst der Seinen für ihn besteht. In dieser Beziehung sagt aber unser Wort der „Herde Christi" nach Calvin nichts.

Matth. 20, 1 ff.

Der Weinberg, sagt Bakius,[1]) ist die Kirche; die Arbeiter in demselben sind nicht nur die „Prälaten und Doktoren", sondern jeder Christ, „denn jeglichem Christen ist sein Stand und Beruf sein Weinberg, worin er Gott und seinem Nächsten dienen soll." Was ist die Arbeit? Sie sei groß: „Die Arbeit der Pönitenz und Beichte, der Gebete und Devotion, des Kreuzes und der Trübsal, der Versuchung, des Todeskampfes, die Arbeiten des Berufs." Dazu wird der Mensch von Gott in die Kirche gestellt, damit er reuig beichte, bete, geduldig leide, sich der Versuchung erwehre, gläubig sterbe und — beachte die Stellung hinter dem Todeskampf — seinen irdischen Beruf versehe. Nicht ein Wort hiervon ist unwahr, und dennoch — hat er Jesus verstanden? Meinte auch Jesus das, als er von Leuten redete, die in Gottes Dienst viel und schwer, oder leicht und wenig arbeiten? Geht das auf die Unterschiede in der Reue, in der Gebetsübung, oder Berufsstellung? Der Evangelist hat das Gleichnis mit dem bedeutsamen Gegensatz verknüpft, zwischen dem Jünger, der alles verließ und Jesu nachfolgte, und dem Reichen, der zwar nach dem Himmelreich begehrte und Gottes Gebote hielt, aber sich nicht zur „Vollkommenheit" erhob und nicht imstande war, Gott das Opfer seines Besitzes zu bringen, um Jesu nachzufolgen. Hier wird von der höchsten Aktivität gesprochen, nämlich von der ganzen und von der halben Liebe, von einem geschwächten Suchen und Hoffen, das doch immer wieder die Gelegenheit versäumt und sich dem Rufe Gottes entzieht, und von der Kraft der Hingabe, welche That zu werden vermag. Auf das Verständnis dieser Gedankenreihe ist Bakius nicht vorbereitet. Nachdem die Prälaten und Doktoren als nicht im Blicke Jesu stehend entlassen sind, bleibt der in Glaube und Reue innerlich fromme und äußerlich seinem Beruf obliegende Christ zurück, dessen höchste und beste

---

[1]) copiosissima evangeliorum dominicalium expositio, 1677. Bakius war Geistlicher in Magdeburg.

"Arbeit" doch diejenige des seligen Sterbens ist. Auch ist es nicht nebensächlich, daß er es nicht unterlassen kann, die „Tagelöhner" als Beschreibung unseres armseligen elenden Standes auszunützen. Er empfindet den Dienst als Not und Druck.

Calvin läßt das Gleichnis auf die verschiedene Dauer des Christenstandes zielen, wodurch er ein Element des Bildes aus diesem herauslöst und unmittelbar zum Sinn des Ganzen macht, während doch die verschiedenen Stunden der Berufung nur dazu dienen, die Leistung der Berufenen verschieden zu machen. Schließlich bemerkt er, daß derjenige, welcher aus dem Gleichnis schließe, daß die Menschen dazu geschaffen seien, etwas zu thun, das Wort Christi nicht verdrehe. „Geschaffen" wurden wir, um etwas zu thun. Für seinen Blick teilen sich die beiden Funktionen so: die Natur setzt uns ins Thun, die Gnade ins Empfangen.

Joh. 15, 1 ff.

Das ist eine der stets angeführten Beweisstellen gegen die „freie Wahl", da wir ohne Christus nichts vermögen, und nur als die ihm eingepflanzten Reben Frucht bringen. Damit ist jedoch nur die eine Hälfte der Stelle beachtet. Der Hinweis auf den Weinstock soll nicht bloß erläutern, wie Lebendigkeit und Fruchtbarkeit entsteht, dadurch nämlich, daß die Gemeinschaft mit Christus festgehalten wird, sondern hebt auch das Ziel derselben ans Licht. Die Schosse sind das Bild des Jüngers, weil der Weinstock durch ihre Vermittlung und ihren Dienst die Trauben trägt. Das Bild spricht also aufs nachdrücklichste von der Thätigkeit der Jünger und stellt sie als die Organe Christi dar, durch deren Dienst er das Ziel seiner Gnade erreicht. Weil die Alten nur auf die Abhängigkeit des Schosses vom Weinstock achten, bedeutet ihnen auch der Eingang der Stelle nichts: „ich der Weinstock und mein Vater der Weingärtner." Daß Jesus als des Vaters Diener durch und für ihn lebt, wie der Weinstock durch und für den Weingärtner besteht und Frucht trägt, ist für den Gedankengang der Alten, nicht aber für denjenigen Jesu, nebensächlich, weil sie an der Stelle nur das Bewußtsein unserer Ohnmacht ohne Christus nähren.

Luk. 7, 42.

„Welcher von ihnen wird ihn mehr lieben?" Die ältere Auslegung erschöpft sich in der Erörterung, daß hier die

Liebe als Folge und nicht als Grund der Vergebung beschrieben
sei. Und mit dieser akademischen Erörterung über das Verhältnis
des Grundes zu seiner Folge sollte Jesu Meinung verstanden
sein? Was hat denn die These: die Vergebung ist der Grund
der Liebe, für Beziehungen zur Situation? Calvin meint, damit
solle das Weib gerechtfertigt werden, die fälschlich für eine Sün=
derin gehalten werde, während ihr vergeben sei. Der Beweis
dafür, daß sie die Vergebung besitze, werde aus ihrer Liebe ge=
führt. Aber der springende Punkt im Gleichnis ist unzweifelhaft
die Antithese: viel Schuld, viel Vergebung, viel Liebe; wenig
Schuld, wenig Vergebung, wenig Liebe. Und der Angeklagte ist
nicht das Weib, sondern Jesus, dessen Gnade durch das Gleichnis
gegen jede Verdächtigung geschirmt ist, nicht dadurch, daß es nur
ein logisches oder physisches Verhältnis zwischen der Vergebung
und der Liebe nachweist, sondern dadurch, daß es Jesu Ziel auf=
deckt und von dem spricht, was er durch sein Vergeben sucht
und wirkt. Er hat viel vergeben; warum? wozu? so schafft er
die große Liebe. Will er große Schuld in große Liebe ver=
wandeln, so bedarf es dazu freilich eines großen Vergebens. Das
ist der heilige Wille in seinem Vergeben, gegen den keine Einrede
statt hat. Warum steht ihm Simon kühl gegenüber? weil er der
Gerechte ist, der, dem wenig zu vergeben ist; deshalb liebt er auch
wenig, während er sich das Weib mit großer Liebe verbunden
hat, weil ihr viel vergeben ward. Die Alten wagen aber nicht,
den Willen Christi in seinem Vergeben auf unser Lieben zu be=
ziehen, wagen das Wort nicht: Du hast mir darum viel ver=
ziehen, damit ich dich viel liebe, als wäre die Keuschheit des
Glaubens dadurch verletzt.

Luk. 17, 10.

"Wenn ihr alles gethan habt, was euch befohlen
ist, sprechet: wir sind unnütze Knechte." Da in den
Alten die Reue stets lebendig ist, empfinden sie den Vordersatz
als eine unmögliche Annahme; sei es so. Nun entsteht aber
weiter die Schwierigkeit, warum wir uns nicht nur dann, wenn
wir das Gebotene nicht thun, sondern auch dann, wenn wir es
thun, als unnütz beurteilen sollen. Calvin erweckt, um sich das
Verständnis dieses Wortes zu vermitteln, den Blick auf Gottes
schrankenlose Obmacht. Unnütz sind wir, weil unser Handeln dem

Besitz und der Macht Gottes niemals einen Zuwachs verschafft, und weil Gott das absolute Verfügungsrecht über uns hat und uns niemals verpflichtet wird. Diese „Nutzlosigkeit" ist aber schlechthin unaufhebbar, und kann uns nie zum Grund des Schmerzes werden, den wir wegheben oder mindern möchten, da sie unmittelbar aus der Vollkommenheit Gottes fließt. Wer in diesem Sinne Gott „nützen" wollte, dächte völlig unfromm. So gefaßt kann der Satz nur Resignation erzeugen, während Jesus umgekehrt an die unermüdliche, nie befriedigte Dienstwilligkeit denkt, wie er sie an jenem Knechte beschreibt, der vom Dienst auf dem Acker heimgekehrt, sich nicht zur Ruhe begiebt, vielmehr seinem Herrn auch noch bei der Mahlzeit dient. Übrigens sagt der Spruch selbst unzweideutig, woran Jesus bei diesem Urteil dachte: „wir haben unsere Schuldigkeit gethan." Er weckt in den Jüngern denjenigen Sinn, der sich nicht genug thut mit dem, was gethan worden ist, und nicht satt und befriedigt ausruht im Gedanken, die Pflicht sei erfüllt, mit einem Wort: den Sinn der Liebe, die sich über alles, was sie thut, emporhebt und ihr Verlangen, zu dienen und zu geben, daran nicht stillt, und in diesem unstillbaren Wunsch beides gewinnt, ihre Demut, die sich selbst nicht wohlgefällt, und ihren hohen Mut, der nie erlahmt. Die Alten sahen das nicht aus lauter Furcht vor dem besudelten Verdienst.

Matth. 25, 24.

„Ich kenne dich, daß du ein harter Mensch bist." Ist die Weise, wie Jesus das Inwendige am Schalk unter seinen Jüngern aufdeckt, damit verstanden, wenn wir z. B. mit Piscator (in der Analysis zu den Evangelien) sagen: Die Trägheit und Nachlässigkeit in der Besorgung unserer Pflichten und im Gebrauch und der Übung der uns verliehenen Gaben Gottes werde von Jesus verworfen? Es handelt sich nicht nur um den Gegensatz von Fleiß und Unfleiß, nicht um ein Mehr oder Minder von Regsamkeit; vielmehr ist das finstere Element im Jünger, dem Jesus mit dem Gefängnis droht, in aller Deutlichkeit als die eisige Lieblosigkeit gezeichnet, die nur da säen mag, wo sie selber erntet, und es als Härte empfindet, daß sie dienen soll. Der feierliche Nachdruck, mit dem Jesus zum Abschied den Seinigen erklärt: „Ihr bringt mir gemehrt zurück, was ich euch gab," wird geknickt, wenn man daraus eine Rede gegen die Trägheit macht.

Matth. 18, 17.

„Sage es der Gemeinde." Die Erklärung ist beständig die: die „Gemeinde" sei hier das Presbyterium resp. Konsistorium, während doch dieser Satz unzweideutig, im Unterschied von den vorangehenden, welche die Abwehr des Bösen zunächst dem kleineren Kreise der zunächst Beteiligten auftragen, an das Verhalten der Gesamtheit appelliert, und es allen zur Pflicht macht, in ihrem Verkehr die sittlichen Normen zur wirksamen Geltung zu bringen. Daß über die Staatsjustiz hinaus keine rechtlich fixierten Formen zur Ausübung dieser Gegenwehr vorhanden sind, erklärt das beharrliche Mißverständnis der Stelle nicht, weil sich dieselbe in weitem Umfang und mit durchschlagender Wirkung auch ohne jene durch die persönliche, freie That der Einzelnen durchführen läßt, die auch den rechtlichen Formen erst die innerliche Füllung und Geltung verschafft. Die Alten denken aber nicht an eine Berufung aller zur That, und finden sie darum auch da in Jesu Worten nicht, wo sie ausdrücklich ausgesprochen ist.

Röm. 12, 2.

„Wandelt euch um durch die Erneuerung eurer Vernunft." Ich hebe diese Stelle noch deswegen hervor, weil sie das betrifft, was oben „Heiligung der Gedankenbildung" genannt wurde. Calvin entnimmt ihr zunächst das Zeugnis, daß auch unsere Vernunft verdorben sei; um so bringlicher scheint die Frage, wie sie denn erneuert werde. Sie stellt sich ihm aber gar nicht: Gottes Wille ist uns durch sein Gebot bekannt; es bedarf nur eines, daß wir „unsere und aller Leute Meinungen und Wünsche fahren lassen und einzig auf Gottes Willen bedacht seien." Das Problem besteht ihm somit nur darin, daß wir gehorchen; deshalb wird auch der Gegensatz zur „Anpassung an diese Welt" nicht klar entfaltet, weil er sich nicht deutlich macht, daß Paulus davon spricht, wo wir die Ziele und Maßstäbe für unser Wollen und Handeln suchen und wie wir sie gewinnen.

12. Andeutungen zum geschichtlichen Verständnis der besprochenen Erscheinungen.

Wir haben in denselben das Mysterium der Geschichte vor uns: wir sind in ein Gemeinleben hineingestellt, das auch die kräftigste Erhebung im Empfang neuer Gabe aus Gott mit festem

Arm umfangen hält. Die geschichtliche Bedingtheit des Glaubensstandes der Alten vermittelt sich sowohl durch eine von der antiken Kirche her ungebrochene Tradition, als durch seinen Gegensatz gegen die mittelalterlichen Bildungen.

a) Die Fortsetzung des gegebenen Glaubensstandes.

Die Auflösung der im Dienste Gottes vereinigten Gemeinden, deren Begründung der Ertrag der apostolischen Arbeit war, ihre Überführung in die Passivität, bildet ein wichtiges Glied der antiken Kirchengeschichte; diese Prozesse dehnen sich vom zweiten bis ins vierte Jahrhundert hinab.[1]) Mit denselben treten auch die innerlich dazu gehörenden Erscheinungen auf: das Absterben der Mission, die Wehrlosigkeit gegen das Böse innerhalb der Kirche, und die Resignation, die sich mit der gläubigen Unwissenheit (fides implicita) abfindet, und die an der heftigen Opposition gegen das, was sich als Irrlehre darstellte, nur ein scheinbares Gegengewicht besaß.

Das waren gegebene Formationen der Kirche, älter, mächtiger als das Papsttum, im Bewußtsein der Zeit noch völlig unerschüttert und mit dem Schein unabänderlicher Notwendigkeit versehen.

Der Wunsch, Gottes Gnade durch Passivität zu erleben, als würde die Tilgung unserer Thätigkeit den Anfang des göttlichen Gebens herbeiführen, der Aufblick zum Glaubensstand als zu einer entlegenen Höhe, zu der man mittelst der sakramentalen und asketischen Weihen langsam emporzuklimmen hat, das ungeschiedene Zusammenfließen von Glaube und Erkenntnis mit dem Ergebnis, daß sich alles, was Inhalt der christlichen Lehrbildung wird, unvermittelt an jedermann herandrängt, die negativ gerichtete Heiligung, die nur abwehrt und das Böse austreiben will ohne das Gute, die Isolierung dessen, der sich heiligt, als zerflössen mit dem Blick auf Gott unsere Gemeinschaftsverhältnisse in nichts — das alles sind durchwaltende Merkmale des antiken Christentums.

---

[1]) Sie sind noch nie für sich dargestellt worden; denn sie erschöpfen sich in der Verfassungsgeschichte nicht. Da die Synagogen Gemeinden waren, allerdings nicht nur religiöse, sondern auch nationale und sociale Korporationen, für die jedoch das identische Bekenntnis wesentlich war, fällt die Zerstörung der Gemeinde unter den Gesichtspunkt der Gräcisierung und Romanisierung der Kirche.

Wie kam es zu demselben?¹) Der auf Christus gestellte Glaubensstand ist von dem abhängig, was uns in der Gegenwart unserer eigenen Geschichte als seine Gabe wahrnehmbar ist. Die antike Christenheit erfaßt als von Christus ihr geschenktes Gut, das dem Glauben seine Bestimmtheit giebt, das Sakrament und die Kirche. An die Taufe heftet sie ihre Gewißheit der Rechtfertigung; ihre ganze Übung des Glaubens und der Buße ist dadurch regiert, daß mit dem Empfang der Taufe die göttliche Vergebung empfangen ist. Aber auch die Kirche wird mit kräftiger Dankbarkeit als die sich forterhaltende Gabe Christi geschätzt, wodurch sie zum Beziehungspunkt des Glaubens wird. Durch sie wird die göttliche Regierung, Erleuchtung, Stärkung erlebt. Mit dem Empfang des Sakraments und mit der Mitgliedschaft in der Kirche empfängt der antike Christ seinen Frieden mit Gott.

Sakrament und Kirche sind Gaben Christi, darum unvergängliche Glaubensmotive; ein kranker Zug kam aber in den Glaubensstand der Antiken dadurch hinein, daß sich dieselben als selbständig bestehende und durch sich wirksame Potenzen darstellen und sich dadurch von ihrem Geber ablösen. Der Blick bleibt am Sakrament und Bischof haften und gelangt nicht mehr zu Christus und setzt ihn nicht mehr in eine gegenwärtige Beziehung zum Glaubenden. Damit war die Entfaltung des Glaubens nach seiner aufrichtenden und bewegenden Kraft gehemmt. Denn das Sakrament macht seinen Empfänger nicht thätig; es geschieht an ihm, und seine Wirkung ist geheimnisvoll und wird nicht ein Element seines bewußten geistigen Lebens. Zur Kirche verhält sich der Einzelne empfangend; ihre vornehmste Funktion, die Sakramentsspendung, liegt nur denen ob, die das Amt in der Kirche haben, und das Merkmal des Christen bildet somit der Gehorsam, der sich begnaden, lehren, heiligen, regieren läßt. „Schiebe den Riegel nicht vor."²)

Eine Gegenwirkung gegen diese Tendenzen ging von der-

---

¹) Besäßen wir ein einigermaßen einheitliches Bild vom Gang der antiken Christenheit, so könnte hier abgebrochen werden. Bekanntlich stehen wir aber auch in dieser Hinsicht in scharfen Gegensätzen gegeneinander. Darum mag die folgende Skizze zur Abrundung des Gedankenganges dienlich sein.

²) Daß das ganze vorchristliche Denken der Griechen an die Natur angelehnt war und mit natürlichen, im höchsten Fall logischen Kategorien rechnete, wirkt hierbei bedeutsam mit.

jenigen Bewegung aus, deren Höhepunkt das Nicänum bildet. Durch dieselbe ist das „Wort" in der Kirche erhalten und die „Erkenntnis", welche die erste Gestalt der griechischen Kirche mit großer Dankbarkeit als Christi Gabe schätzte, für die späteren wirksam gemacht worden. Die ersten Geschlechter haben es als unermeßliche Wohlthat Christi empfunden, daß er sie von Wahn und Unwissenheit befreit und „ins Licht versetzt habe," als die, die nun Gott kennen. Indem das Nicänum auch den Späteren eine Frucht dieser Tendenz der Erstlingszeit vermittelte, hat es verhütet, daß sich Taufe und Messe nie ganz von Christus lösen konnten und der Klerus nie als selbständige Autorität, sondern nur „im Namen und an der Stelle Christi" aufzutreten vermochte. Allein weil auch dieser Besitz mit der auf Passivität gerichteten Tendenz zusammenwächst, verschmelzen sich Glaube und Erkenntnis zu einem ununterschiedenen Gemenge. Auch die Lehre wird zum Gegenstand der gehorsamen Unterwerfung und verlangt nichts anderes, als daß man sie als „Glaube" hinnehme in gebundener Unterwürfigkeit.

Daher wird die Kirche für ihre Erhaltung völlig unbesorgt; sie wächst scheinbar weiter wie ein Gewächs. Für die Erhaltung der heilspendenden Funktionen ist gesorgt, und der „Glaube" legt sich mit der durchwaltenden Macht der Sitte und des Gesetzes in jeden hinein. Daß mit jeder Persönlichkeit die Frage neu entsteht, ob sie die Kirche finde, daß sich diese also nur in stets neuem Werden ihren Bestand bewahrt, das sind Einsichten, die nach den Jahren des Kampfes gegen das Heidentum erloschen sind.

Alle diese Traditionen werden durch den neuen Blick auf Christus, den die Reformation gebracht hat, modifiziert. Es kommt wieder zum Hören auf sein Wort, damit zum Blick auf ihn. Er selbst wird das Glaubensmotiv; ihm wird geglaubt, und Gott in ihm. Mit dem Wort wird seine Gnade uns innerlich; sie wird personhaft angeeignet und das Element unserer geistigen Lebendigkeit. Das bedingt auch die Stellung zum Sakrament und zur Kirche. Er wird im Sakrament gesucht; sein Vergeben, seine Gemeinschaft sind die Sakramentsgnade. Die Gemeinde besteht aus den „Hörern", die Christi Wort in sich aufnehmen, und der steht an Christi Statt und handelt in seinem Namen, der Gottes Wort zu sagen weiß, und der ist Glied der

Kirche, der in seinem eigenen Lebensstand durch Gott zu Gott bekehrt worden ist.

So wesentlich neu damit die ganze Beziehung des Glaubenden zu Gott geworden ist, die Geschlossenheit des Geschichtslaufes bringt sich doch zur Geltung, erhält dem neuen Glaubensstand die Ähnlichkeit mit dem alten und formt ihn in das gegebene Schema. Neben die passiv ums Sakrament gescharten Zuschauer treten die passiv ums Wort versammelten Zuhörer, neben die passive Bekehrung und Heiligung durch die sakramentlichen Akte die passive Bekehrung und Heiligung durch das Wort, neben den unvermittelten, nur äußerlich begründeten Gehorsam gegen die Kirche die nicht vermittelte Bejahung der Schrift, neben die um den Erfolg der Sakramente unbekümmerte Priesterschaft das gegen den Erfolg der Predigt sorglose Pastorat. Es gilt immer noch als selbstverständlich, daß der Glaube weiterwächst wie Sitte und Gesetz.

Es war ein unermeßlicher Fortschritt, doch ein Fortschritt, der die Geschichte nicht zerrissen hat. Das Neue wird am Alten und — dies ist das Mysterium der Geschichte — durch das Alte. Es wird erzeugt durch die positiven Kräfte des Alten, durch die Ehrfurcht vor der Schrift als Gottes Wort, durch die Subordination unter Christus als den Gottmenschen, durch die Willigkeit, die Gnade gläubig hinzunehmen, wie sie die alte Kirche in sich herbergte. Zugleich sind auch die negativen Elemente des alten Gebildes an der Bildung des neuen mitwirksam, die Passivität, die sich den Gottesdienst von außen geben läßt, die Beschattung Gottes, die eine „Religion" statt eines Gottes hat, und nur den Diener Gottes sieht, nicht den, dem er dient, die Schwachheit des Eigenlebens, das in der Sitte aufgeht und keine eigene Beziehung zu Gott gewinnt, das alles wirkt in der Bildung der neuen Kirchen bedeutsam mit und widersteht der Achtsamkeit auf den Dienst Gottes. Die Merkmale dieser Prozesse zeigen sich auch in den höchsten, reinsten Bildungen der alten Theologie.

b) **Der Kampf gegen das Verdienst.**

Weil mit dem Erstarren des Glaubens zum Gewährenlassen der Gnade die Einheit zwischen der Ruhe und der That zerbrochen war, und diese aus der Leitung des Glaubens herausfiel, wurde sie ruhelos und ohne Maß, sowohl in der Flucht vor der Welt, als in der Herrschaft über sie. Die versachlichte Gnade, abgeschieben von Christus, bot das Quietiv nicht mehr ausreichend dar, weil in der noch so sehr gehäuften Kette sakramentaler Gnaden doch jedes Glied derselben nur eine vereinzelte, begrenzte Wirkung versprach und darum niemals eine geschlossene Bejahung der göttlichen Gnade begründete. So stellt sich die christliche Thätigkeit als ein angestrengtes Suchen und Laufen nach dem Glaubensstande dar. Dieser Richtung des inneren Lebens verdanken der Satisfaktions- und Verdienstbegriff ihre Wichtigkeit und Ausbildung. Sie suchen im Handeln des Christen das Glaubensmotiv zu gewinnen und heben darum den Wert desselben vor Gott hervor. Die That, welche durch die Reue hervorgebracht wird, wird von Gott als Ersatz für die Schuld geschätzt; sie ist genugthuend. Die That der Liebe wird von ihm wert gehalten und wird ihm zum Motiv der Gegengabe; sie ist Verdienst.

Die Glaubenslosigkeit dieser ganzen frommen Anstrengung ist von unsern Alten lebendig empfunden worden, und sie war auch glaubenslos, wenn und weil sie an Christus vorbeifuhr und sich durch ihn nicht in den Glauben stellen ließ. Es war aber für die Lehre vom Dienste Gottes bei den Alten ein Hindernis, daß ihnen das Werk nur als Verdienst d. h. als Mittel zum Erwerb des Glaubens entgegentrat. Diesem Satz entspricht der andere als sein Gegenbild: daß es nur die Folge und Frucht desselben sei.

Im Streit gegen die ungläubige Tendenz in der Genugthuung und im Verdienst ist nicht genügend beachtet worden, daß auch diese Begriffe eine positive Beziehung zum Glauben haben, selbst dann, wenn sie ihn nur als das zu Suchende, mit der That zu Begründende ins Auge fassen, da ja das Verdienst dazu gesucht wird, damit Zuversicht zu Gott entstehe, und man glauben könne und dürfe.[1]) Sie verknüpfen die That der Reue und Liebe mit dem Blick auf den gebenden Gott und werten sie deshalb, weil Gott sie schätzt. Wer die Güte Gottes erst aus seiner eigenen That entspringen, somit sein Glauben seinem Handeln erst folgen läßt, denkt und handelt freilich glaubenslos und verdient die Antwort der Alten, daß ein ungläubiges Handeln alles andere

---

[1]) Die Terminologie der vorreformatorischen Theologie ist dies selbstverständlich nicht; sie setzt den „Glauben" als Anschluß an die Kirche und Kirchenlehre an den Anfang. Ich definiere damit den wirklichen Verlauf der religiösen Vorgänge.

sei als ein Verdienst, weil das Werk dadurch gut sei, daß es gläubig gethan werde. Aber diese Kritik trifft nur die am Satisfaktions- und Verdienstbegriff haftende Negation, die sich gegen Gott kehrt und sein Vergeben und Geben verneint und begrenzt, nicht aber das positive Element des Gedankens, nicht die Bejahung des Wertes unserer That vor dem gnädigen Gott. Indem die Abwehr des Verdienstes zum Gedanken trieb, unser Handeln, sofern es etwas anderes als Glauben ist, sei vor Gott bedeutungslos, hat der Kampf gegen das Verdienst auch den Dienst erschwert.

Epilog.

Je mehr wir uns die Distanz zum Bewußtsein bringen, durch die uns der Verlauf der beiden letzten Jahrhunderte vom Gedankengang der Alten entfernt hat, um so deutlicher wird, daß sich auch in dieser Führung der Kirche reiche göttliche Gnade sichtbar macht, die ein Anrecht an unsere tiefe, bewußte Dankbarkeit hat. Immer reicher thut Gott der Kirche den Blick in seine Gnade auf und macht ihren Glaubensstand fester und kräftiger. Allerdings hat sie zeitweilig den Erwerb der Reformation nicht festgehalten, wie er auch heute nicht überall unverkürzt bewahrt wird. Er ist ihr aber auch nicht völlig verloren gegangen, und die auflösenden Bewegungen haben mit dazu gedient, daß zu demselben wichtige Elemente des Evangeliums in neuer Weise hinzutraten. Eins freilich ergiebt sich aus dem Gesagten mit Evidenz: daß mit dem Gedankengang, der in der Kirche in öffentlicher Geltung steht, noch bei weitem nicht der ganze Inhalt der Schrift zur Aneignung gebracht ist. Was wir bedürfen, ist darum **erneute, vertiefte Schriftlesung**, ein Ziel, dem unsere Zeitschrift an erster Stelle dienen soll.